JESSICA VALENTI

POR QUE
ter filhos ?

UMA MÃE EXPLORA A VERDADE SOBRE A CRIAÇÃO DE FILHOS E A FELICIDADE

MEMÓRIA VISUAL

Copyright © 2012 Jessica Valenti

Copyright © desta edição Memória Visual

Título original: *Why Have Kids?: A New Mom Explores The Truth About Parenting And Happiness*

Edição original americana publicada por Amazon Publishing. Direitos da tradução para o português negociados por meio de Sandra Bruna Agencia Literaria.

EDITORA
Camila Perlingeiro

TRADUÇÃO
Bruno Correia

REVISÃO
Aline Canejo

IMPRESSÃO E ACABAMENTO
Kunst

CAPA, PROJETO GRÁFICO E DIAGRAMAÇÃO
Adriana Cataldo | Cataldo Design

V155p
Valenti, Jessica.
    Por que ter filhos? : uma mãe explora a verdade sobre a criação de filhos e a felicidade / Jessica Valenti ; tradução de Bruno Correia. – Rio de Janeiro : Memória Visual, 2018.
    204 p. ; 23 cm.

    Tradução de: Why have kids?
    ISBN 978-85-89617-62-8

    1. Maternidade 2. Pais e filhos 3. Trabalho e família I. Correia, Bruno II. Título.
                                                 CDD 306.87
                                            CDU 316.812.1-055.26-055.62

MEMÓRIA VISUAL

Rua São Clemente 300 – Botafogo – 22260-004
Rio de Janeiro – RJ – Tel.: 21-2537-8786
editora@memoriavisual.com.br
www.memoriavisual.com.br

@memoriavisual   @memoria_visual

Para Hilda e Camila
*Nunca serei capaz de articular plenamente
a profundidade de minha gratidão pelo amor
e cuidado que vocês têm para com Layla.
Sei que ela vai levar isso consigo para sempre.*

SUMÁRIO

Introdução 7

MENTIRAS

1. Filhos nos fazem felizes 19
2. A ligação com a mãe é natural 35
3. O peito é melhor 49
4. Os filhos precisam de seus pais 63
5. "O trabalho mais difícil do mundo" 83
6. A mãe sabe o que é melhor 99

VERDADES

7. Desistir dos filhos 115
8. Mães "ruins" vão para a cadeia 129
9. Mulheres inteligentes não têm filhos 141
10. A morte da família nuclear 153
11. As mulheres devem trabalhar 165
12. Por que ter filhos? 181

Agradecimentos 189

Notas 191

Bibliografia 201

Sobre a autora 203

INTRODUÇÃO

A maioria das pessoas ganha flores quando dá à luz — eu ganhei um bebê de um quilo e insuficiência hepática. Por conta de um caso crítico de pré-eclâmpsia, minha incursão na vida materna foi marcada pela urgência médica no lugar dos parabéns. Não houve balões ou distribuição de charutos, apenas olhares preocupados e o zumbido das máquinas de controle dos sinais vitais.

Quando fui fazer um exame de rotina, na 28ª semana de gravidez, eu me sentia bem. Entretanto, a expressão no rosto de meu médico ao aferir minha pressão arterial pela terceira vez deixou claro que eu estava longe de ser a grávida saudável e resplandecente que imaginava ser. Em dez minutos já estava internada no hospital, mas meu marido e eu achávamos que era mera formalidade. Afinal, eu não me sentia mal, e ainda havia meses até a data prevista do parto.

Mas, dois dias mais tarde, meu fígado corria o risco de entrar em colapso devido a uma segunda complicação da gravidez chamada síndrome HELLP, e fui submetida a uma cesárea de emergência. Passou-se 24 horas até eu estar bem o suficiente para ver minha filha, Layla, e quase uma semana até poder tocá-la ou segurá-la. Ela ficou oito semanas no hospital, e nesse período sofreu mais procedimentos invasivos do que a maioria dos adultos poderia aguentar. Durante esse tempo, permanecemos unidos — principalmente porque não havia alternativa.

Uma vez que o perigo imediato passou — quando meu marido e eu sabíamos que Layla ficaria bem —, começou meu verdadeiro problema. Eu estava imensamente grata por ter minha filha e minha saúde, mas não conseguia parar de lamentar pela gravidez e o parto que pensei que teria. Queria desesperadamente entrar na vida materna do modo que havia esperado e planejado tão cuidadosamente.

Dois dias antes de ser internada, havia feito uma visita cuidadosa pelo St. Luke's-Roosevelt Hospital, imaginando que tipo de parto deveria fazer. Estava dividida entre o centro de partos — com banheiras para relaxamento e as vantagens de parir naturalmente — ou um quarto de hospital, onde haveria a sempre bem-vinda peridural. Nunca me ocorreu que eu não poderia escolher em que circunstâncias minha filha nasceria, e certamente nunca me passou pela cabeça que eu poderia ter um bebê doente.

Mais tarde, tive outra desagradável surpresa quando não senti toda aquele amor e alegria por Layla que os amigos e família diziam que sentiria (Uma amiga me contou que o amor que sentia por seu filho era quase como um orgasmo emocional). Quando uma colega me perguntou, enquanto almoçávamos, que nova emoção eu achava mais surpreendente, tive que admitir que era a ambivalência. Os eventos assustadores que cercaram o nascimento de Layla certamente influenciaram o modo como me sentia em relação a minha filha — eu tinha muito medo de sentir o incrível amor que eu tinha por Layla porque ainda temia perdê-la —, mas, com o passar dos meses, fui conseguindo compartimentar o estresse pós-traumático e a tristeza que sentia pelo modo como minha filha veio ao mundo.

Esse sentimento era algo diferente. Algo que nenhum livro de bebês ou palavras de sabedoria haviam me preparado. Não era infelicidade, mas uma sensação inquietante de insatisfação, uma sensação de vazio acompanhada da imensa vergonha de não me sentir "completa" por ser mãe. Não era o que eu esperava.

SEM EXPECTATIVAS

Criar filhos exige pura e simplesmente uma mudança de paradigma. O sonho americano de ser pai e mãe — o ideal que somos ensinados a buscar e viver — não chega nem perto da realidade, e essa desconexão está nos tornando infelizes.

Menos de 5% das famílias americanas têm babá.[1] A maioria dos pais não gasta mais de quinhentos dólares em um carrinho de bebê, ou usa fraldas de pano. Ora, a maioria das mães sequer amamenta por mais de alguns meses,[2] apesar de todo o alarde sobre o peito ser melhor. O que nos apresentam como padrão na criação dos filhos — por meio de livros, revistas e mídia online — na realidade é a exceção. A verdade é muito mais espinhosa, e não tão glamourosa.

Os americanos estão desesperados para descobrir por que exatamente encontram-se tão insatisfeitos e angustiados em relação a ser pais. Procuram todo tipo de conselhos para ajudá-los com seus problemas na criação dos filhos. Mas, observando outras culturas — ou, mais precisamente, generalizações sobre outras culturas — é infrutífero buscar soluções rápidas.

Criar filhos nos Estados Unidos é complexo demais para acreditar que uma agenda lotada de aulas de piano ou um mimo resolverão num passe de mágica todas as minúcias e problemas que fazem parte da educação das crianças. As políticas de licença maternidade e paternidade são totalmente inadequadas — se não inexistentes — na maioria das empresas americanas, e muitas mães se preocupam com perder o emprego ou serem forçadas a abrir mão do sucesso profissional quando a criança nascer. Pais pagam quantias exorbitantes para que outros cuidem dos filhos, e se sentem culpados por abandoná-los. Expectativas sociais sobre o que constitui uma mãe boa ou ruim assombram cada decisão, e a ascensão da indústria de aconselhamento parental garante que mães e pais se sintam inadequados a cada esquina. Nossos filhos nos trazem alegria (na maior parte do tempo), mas os obstáculos em sua criação — sejam sistêmicos ou pessoais — ainda permanecem lá, imutáveis.

Pais e mães não podem continuar sorrindo, fingindo que a culpa, as expectativas, a pressão e as dificuldades cotidianas da criação dos filhos não existem, ou que as questões que afligem tantas famílias americanas podem ser explicadas em um guia de "como fazer".

Há cinquenta anos, Betty Friedan escreveu o inovador livro A mística feminina, sobre "o problema que não tem nome" — o penoso trabalho doméstico diário que fez infeliz toda uma geração de mulheres. Hoje, esse problema tem um nome (e muitas vezes, fraldas sujas). O problema não são filhos, mas a expectativa da perfeição, ou, no mínimo, da felicidade arrebatadora. Uma mentira sedutora de que ter filhos vai preencher nossas vidas deixa os americanos cegos para a realidade de criá-los.

...

Não há nada que *realmente* possa preparar as pessoas para a realidade de serem pais, mas a maioria dos americanos não lida bem com a incerteza. Por isso tantos guias e revistas sobre criação de filhos e gurus conselheiros!

As pessoas gastam tanto tempo planejando filhos — controlando a ovulação, fazendo fertilização *in vitro*, escolhendo cores do quarto e o tipo de parto — que acabam esperando resultados muito específicos.

As mulheres esperam engravidar de forma relativamente fácil (apesar das assustadoras manchetes alertando que uma mulher com um único cabelo grisalho tem mais probabilidade de ser atingida por um raio que de conceber — como uma matéria de 2010 da rede de

TV ABC que alertou que 90% dos óvulos acabam até os 30 anos[3]); elas esperam ter um bebê saudável e amamentar sem complicações; esperam que seu companheiro dê conta de metade do trabalho. Acham que os filhos vão preenchê-las de uma felicidade tão pura que vão se satisfazer só de olhar sua carinha de "fiz xixi" por horas, sem se preocupar com a vida, dores nas pernas ou ir ao banheiro. As expectativas são demasiado elevadas para que a realidade esteja à altura.

O problema sem nome que Friedan explorou fazia sentido para muitas mulheres, mas não para todas. Ela falava para um grupo específico de mulheres americanas — as "Betty Drapers", privilegiadas donas de casa de classe média. Para aquelas que, como minha mãe e minha avó, trabalhavam em fábricas e em bares, a opressão de ficar em casa assando biscoitos parecia muito atraente. Os problemas parentais de hoje não são tão exclusivos; afetam todas as classes, gêneros e etnias. Imagino que algumas pessoas vivem nesse mundo de perfeição parental, no qual o pior dos dilemas são encontrar o carrinho perfeito, ou a mamadeira com o melhor sistema de vedação interna para impedir que entre ar e o leite vaze. Alguns pais têm a sorte de ter o tempo, a energia e o dinheiro necessários para pensar qual pré-escola oferecerá a seu filho maior probabilidade de ir para Harvard, ou que estilo de criação vai fazer de seu filho uma pessoa mais segura.

Mas esse é um mundo imaginário para a maioria dos americanos, mesmo sendo apresentado como norma e defendido como o ideal. Criar filhos é difícil — muito difícil. E não me refiro às dificuldades ordinárias que todos sabem que os pais enfrentam — a privação do sono e a perda de liberdade, por exemplo. Refiro-me à esmagadora labuta diária da qual temos vergonha de falar. O tédio, o estresse, a irritante insatisfação e a sensação de fracasso pessoal que os pais sentem ao ver que criar um filho não é tão divertido assim. Talvez o pior de tudo seja a culpa que muitas mulheres sentem porque têm muita vergonha de admitir que, apesar do amor por seus filhos, criá-los pode ser uma tarefa chata e ingrata.

Vergonha e culpa se tornaram centrais na maternidade moderna nos últimos vinte anos. E como não? Os pais — especialmente as mulheres — são todos os dias lembrados de que não estão à altura. Se as mães trabalham fora, forçam seus filhos à puberdade precoce[4] e os transformam em encrenqueiros[5] ao mandá-los para a creche. Se ficam em casa com os filhos, são superprotetoras que abriram mão da vida própria. Há toda uma indústria multimilionária construída sobre a noção de que os pais são despreparados. O que seria dos especialistas em aconselhamento parental se as mães não se sentissem, de uma maneira ou de outra, inadequadas? E quando não são a mídia e os livros, é a constante disputa por superioridade entre as mães que as mantém perdidas. Você está amamentando? Dorme com ele? Usa sling? Em *A poderosa chefona*, Tina Fey as chama de "teta-nazistas" — "um fenômeno exclusivamente ocidental, de classe média alta, que ocorre quando as mulheres altamente ambiciosas experimentam a privação de improváveis modos de realização. Os bolsões de infestação mais elevada estão no Brooklyn e em Hollywood".

A pressão social por si só já é suficiente para fazer com que as mulheres corram assustadas para o DIU mais próximo. Não importa quanto os pais americanos se dedicam a criar seus filhos, há sempre alguém para dizer que estão um pouco abaixo do aceitável.

Pressões sociais à parte, há os obstáculos também cotidianos. As mulheres, em particular, têm mais que uma razão "sem nome" para serem infelizes. Financeiramente, estão ferradas. As diferenças salariais a que as mulheres americanas estão tão acostumadas antes de terem filhos só aumentam quando se tornam mães — ainda mais se forem mães solteiras ou não brancas. Um estudo da Universidade do Novo México mostrou que mães ganham até 14% menos que mulheres que não têm filhos. Um estudo da Universidade de Cornell mostrou que uma mulher sem filhos tem duas vezes mais probabilidade de ser contratada que uma mãe com um currículo idêntico, além do salário inicial ser significantemente mais alto. E claro, os Estados Unidos são o único país industrializado sem licença maternidade remunerada, e algumas famílias gastam metade de sua renda em cuidados com a criança.

Em casa a coisa não melhora. Quando as mulheres se tornam mães, são mais propensas a relatar infelicidade no casamento[6] — em grande parte, por conta da divisão desigual do trabalho doméstico após a chegada do bebê. Mesmo casamentos que costumavam ser igualitários tendem a migrar para o tradicional depois que o casal tem filhos. Quando a mulher se casa, ganha também sete horas extras de trabalho doméstico por semana (ao passo que, ao casar, homens perdem uma hora diária de trabalho doméstico), e as mães desempenham, em média, dezoito horas semanais de trabalho doméstico a mais que os pais. Visões utópicas de igualdade parental contemplam as obrigações com as fraldas, as mamadas de madrugada e o bombeamento do leite do seio (Se você já teve a infelicidade de usar uma dessas engenhocas, sabe que ter o mamilo repetidamente sugado como uma vaca leiteira faria qualquer um ficar deprimido).

A verdade é que nós, mulheres, temos muitas razões para sermos infelizes. Mas, o que mais me surpreendeu ao pesquisar para este livro (e como mãe de primeira viagem) é que as mulheres *conhecem* muitas das razões que as deixam insatisfeitas. Reclamamos em fóruns online sobre maridos que não fazem sua parte em casa, ou nos solidarizamos com colegas de trabalho por conta da falta de licença maternidade ou de um horário flexível razoável. Discutimos com regularidade os problemas diários que tornam a criação de filhos tão difícil. Mas, em vez de encarar a insatisfação de frente e tentar resolvê-la, muitos pais americanos estão resignados, acreditando que ter filhos é assim mesmo.

Graças à internet, no entanto, as mães estão se pronunciando mais que nunca. A ansiedade latente que Judith Warner delineou tão bem em seu livro *Mães que trabalham: a loucura perfeita*, transformou-se em um frenesi parental — mas a indignação parece terminar no pessoal, deixando o aspecto político de lado. Blogs de mães são criados para derrubar anúncios de fraldas, mas, em grande parte, silenciam-se sobre a falta de licença maternidade remunerada. Queixam-se da divisão injusta do trabalho em casa, mas raramente relacionam a roupa suja do marido com uma conjuntura política mais ampla que diz às mulheres que elas são mais aptas ao trabalho doméstico. Em uma lista de e-mails de mães, uma mulher quase foi execrada em público por perguntar como outras mães haviam feito para que seus maridos "ajudassem" com o bebê.

A maneira — em constante evolução — como se percebe a criação dos filhos em nossa cultura se deve, em parte, ao fato de os americanos serem incapazes de expressar seus problemas parentais.

Via-se a criação dos filhos como um exercício da comunidade, feito com a ajuda de parentes e vizinhos (o que aconteceu com "Isto é trabalho para um batalhão?"); agora ela é parte do individualismo característico dos americanos. Erica Jong, em uma coluna do *Wall Street Journal* sobre a maternidade, disse que se "existem outros prestadores de cuidados, são invisíveis [...] mães e pais devem supostamente serem capazes de fazer tudo sozinhos".[7] Em 2002, por exemplo, quando uma organização de mulheres resolveu dar início a um programa de assistência à infância, foram criados grupos focais de mães para descobrir o que achavam da falta de creches acessíveis. Surpreendentemente, o sentimento era de empáfia: *Por que o governo deveria me ajudar a cuidar dos meus filhos se eles* são minha responsabilidade? Já ouvi argumentos semelhantes de pais que não vacinam seus filhos — *Sim, pode colocar a comunidade em risco, mas vou fazer o que for melhor para meu filho.* Ou mães e pais que estão dispostos (e que podem) a gastar uma fortuna na educação de seus filhos, em vez de lutar por melhorias no sistema público — *Quem se importa com o sistema educacional universal e de qualidade desde que meu filho vá para uma boa escola?* E isso se repete incessantemente; em nossa busca pela perfeição como pais, perdemos todo o senso comunitário.

A ascensão do individualismo não para por aí; também vem impactando a forma como os americanos veem o casamento. Hoje, na maioria das vezes, as pessoas não se casam por obrigação ou tradição, mas por amor. Kate Bolick, em seu artigo "All the Single Ladies" publicado na revista *The Atlantic,* chama isso de "uma ideologia da geração nascida no pós-guerra, que valoriza a satisfação emocional acima de tudo".[8] E agora, a satisfação amorosa dos pais americanos, também. Foram-se os dias de ter filhos para ajudar na fazenda ou no negócio da família. Os pais esperam que seus filhos sejam seus companheiros de alma, da mesma forma que seus cônjuges — querem que os filhos completem a vida dos pais e a família.

Quando esses pequenos e doces seres que deviam ser o centro do universo não conseguem preencher completamente a vida dos pais, chegamos ao mais esmagador sentimento das mães em toda a América: a culpa. Se nossos filhos são nosso mundo, como poderíamos ser cruéis a ponto de odiar o penoso trabalho que vem junto com eles?

Pais e mães americanos amam seus filhos. Mas filhos maravilhosos não são o suficiente para dizer que os sacrifícios valem a pena. Se o amor que as pessoas têm por seus filhos fosse o suficiente, por que 20% das mães sofrem de depressão pós-parto? Por que alguns pais abandonam seus filhos, ou abusam deles? Se ter filhos é a coisa mais maravilhosa que há, como explicamos para nossas fontes de alegria que um terço deles não foi planejado?

Talvez seja o medo dos grandes problemas — os pesadelos sobre os quais ninguém quer pensar — que nos mantém tão preocupados com as minúcias de classe média alta referentes à criação de filhos, ignorando os problemas maiores. Melhor ficar obcecado com a pré-escola que a criança vai frequentar, ou se sua comida é orgânica e caseira, que se preocupar com a realidade de ter um filho, muito mais séria e aterrorizante.

Estamos morrendo de medo graças aos meios de comunicação — que nos falam de carrinhos que decepam dedos de seus filhos, ou campanhas publicitárias comparando o ato de dividir a cama com seu bebê a deixá-lo dormir ao lado de uma faca de açougueiro. Mas a verdade é que crianças americanas são mais propensas a não terem plano de saúde que a serem sequestradas. São mais propensas a terem uma doença grave que a serem molestadas por um cuidador infantil ou esquecidas dentro de um carro quente. Nós nos concentramos no absurdo em vez de no dia a dia, porque o mundano é real demais — fora de controle demais — para ser encarado.

Ter um bebê gravemente doente nunca passou pela minha cabeça — apesar de um em cada seis bebês nos Estados Unidos nascer prematuramente. Eu estava muito mais preocupada em encontrar roupinhas que não fossem femininas demais a ponto de ofender minha sensibilidade feminista e comprar blusas de amamentação modernas. Mesmo quando a amniocentese que fiz no começo da gravidez após um exame de sangue mostrou que Layla poderia ter um distúrbio genético (não tem), ainda não entrava na minha mente que eu poderia ter algo além de um bebê saudável, grande e gordinho. Sim, eu era ingênua, mas como a maioria dos pais estava apenas me autoprotegendo. Porque, querendo ou não, ter filhos é realmente uma situação de vida ou morte. E a realidade aterrorizante é que, a partir do momento que nossos filhos nascem, sempre há uma chance de que sejam tirados de nós. Não sei quanto a vocês, mas me preocupar com chupetas livres de bisfenol A parece bobagem perto de tantas outras preocupações com a segurança.

Este é um livro sobre como o ideal americano de criação dos filhos não coincide com a realidade de nossa vida, e como essa incompatibilidade vem prejudicando pais e filhos. Como a expectativa de alcançar um certo estilo de criação — no qual somos mães perfeitas e temos parceiros perfeitos, e nossa maior preocupação é se devemos ou não usar fraldas de pano — faz que o real seja muito mais difícil de suportar.

Temos que cair na real acerca de nossas expectativas. Crianças não existem para nos fazer felizes, e tratá-las assim só vai torná-las — e a nós — infelizes. Mas, se conseguirmos derrotar a culpa e a sensação de fracasso pessoal que tantas mulheres abrigam — e não termos vergonha de admitir que a criação dos filhos pode ser uma tarefa chata e ingrata, apesar do amor que sentimos por eles —, poderemos começar a enfrentar questões sociais e políticas mais amplas, que são o que realmente acaba minando a alegria de criar filhos.

É provável que este livro deixe você irritado. A ideia é essa. São tópicos controversos e familiares: uma receita para se defender, por assim dizer. Por conta de minhas crenças pessoais e políticas, tomo certas tendências dos pais americanos como problemas — e minha opinião pode ofender alguns leitores. Tudo bem. Todos os pais e mães — inclusive eu — devem ser desafiados a pensar mais criticamente sobre suas escolhas e o impacto delas sobre seus filhos, sobre a vida deles e do resto da sociedade. Ninguém gosta do "quebra-pau" entre mães ou de batalhas intermináveis sobre que tipo de criação é melhor, mas debater essas questões em voz alta significa que elas são importantes para nós. Que nos preocupamos com a criação de nossos filhos, e que nos preocupamos com eles. Sobre o que mais deveríamos estar lutando?

MENTIRAS

UM
Filhos nos fazem felizes

> Meu marido e eu estamos pensando se compramos um cão ou temos um filho. Não conseguimos decidir se estragamos o tapete ou arruinamos nossa vida.
>
> — *Rita Rudner, comediante*

SE TEMOS ou não filhos, se planejamos tê-los, se somos casados, solteiros ou mesmo se ainda somos crianças, o pressuposto básico sobre cada um de nós é que um dia teremos filhos. Se você é mulher, provavelmente essa crença vem te seguindo a vida toda.

Em 2006, o *The Washington Post* cunhou o termo "pré-gravidez"[1], em resposta a um relatório do Centro de Controle de Doenças (CDC)[2] recomendando que todas as mulheres em idade fértil cuidassem de sua saúde pré-concepcional. O CDC queria que todas as mulheres americanas, a partir do momento que tivessem a primeira menstruação até a menopausa, tomassem suplementos de ácido fólico, não fumassem, não fizessem "uso indevido" de álcool, mantivessem um peso saudável, não usassem drogas e evitassem "comportamento sexual de alto risco". O CDC pedia às mulheres que se comportassem como se já estivessem grávidas, mesmo que não tivessem intenção de engravidar no futuro próximo ou distante. Pela primeira vez, uma instituição do governo dos EUA dizia explicitamente o que as normas sociais sempre haviam sugerido: que todas as mulheres, independente de terem ou quererem ter filhos, eram simplesmente mães em potencial.

Dizer às mulheres que o melhor para a gravidez é automaticamente o melhor para elas estabelece uma dinâmica na qual a maternidade, desde o início, é definida como a priorização das necessidades de seu filho acima das suas próprias.

A ideia de que as mulheres devem permanecer saudáveis não para seu próprio bem-estar, mas para manter um bom ambiente uterino, não cai bem para muitas mulheres. Rebecca Kukla, professora de medicina interna e filosofia na Universidade de South Florida e autora do livro *Mass Hysteria: Medicine, Culture, and Mothers' Bodies*, diz: "As lésbicas, as mulheres que cuidam criteriosamente da contracepção e que não estão interessadas em ter filhos, jovens de 13 anos, mulheres que não querem ter mais filhos, querem realmente que seu corpo seja visto como em estágio pré-natal, entendido apenas em termos de função reprodutiva?"

Kukla me disse que percebeu que queria pesquisar a cultura da maternidade e da gravidez depois que engravidou, há dez anos. "Fiquei tão tomada pela experiência que não podia deixar de escrever sobre ela". O momento decisivo surgiu quando leu *O que esperar quando você está esperando*. No início de cada capítulo, o livro traz o desenho de um torso transparente — sem cabeça, braços ou pernas — com um feto dentro, em diferentes estágios da gravidez. As leitoras o usariam para descobrir se seu bebê está do tamanho certo.

Kukla disse que observava o desenho enquanto olhava no espelho sua própria barriga de grávida, tentando descobrir se seu corpo parecia "certo". Se sua barriga fosse muito pequena, isso poderia significar que o feto não estava crescendo adequadamente. Se fosse muito grande, significava que estava gorda.

"De repente, percebi: espere aí! Eu tenho cabeça e braços, não me pareço nem um pouco com isso!"

Segundo Kukla, essa obsessão com a gravidez que na maioria das vezes apaga as mulheres da foto — às vezes literalmente, como no caso do livro em questão — significa que a preocupação parental havia basicamente "avançado para trás" ao longo da gravidez, e até mesmo para antes da concepção. "O corpo não grávido é literalmente tratado como estando a caminho da gravidez".

O movimento pré-concepcional tem raízes históricas, observa Kukla, no desejo de que mulheres produzissem cidadãos perfeitos — o Estado sempre teve interesse em garantir que o corpo das grávidas fosse monitorado. Mas o que os críticos do movimento pré-concepcional, como Kukla, acham tão preocupante é o modo como os médicos hoje vendem isso como cuidado para com as mulheres.

"Visavam especificamente às mulheres de baixa renda e às vulneráveis ou marginalizadas, que achavam que não procurariam um clínica para cuidados pré-concepcionais já que não tinham interesse em engravidar — então, embalaram tudo como um pacote de cuidado à mulher".

O *checklist* pré-concepcional do March of Dimes, organização sem fins lucrativos que trabalha pela melhoria da saúde de mães e filhos,[3] inclui perguntas como "Vai ao dentista regularmente?"; "Faz três refeições por dia?". Uma carta aos médicos da California Preconception Care Initiative (Iniciativa de Cuidados Pré-concepcionais da Califórnia) diz: "Um dos melhores momentos para integrar cuidados pré-concepcionais ao atendimento primário é durante uma consulta que inclua um teste de gravidez negativo [...] porque é quando muitas mulheres aprendem quão facilmente uma gravidez não planejada pode ocorrer". Há um toque de totalitarismo nesse tipo de questionamento — a norma perturbadora de que os corpos das mulheres são incubadoras em potencial o tempo todo.

Visto que a comunidade médica não confia nas mulheres para saber se e quando querem ser mães, desnecessário dizer que não se acredita que uma mulher seja capaz de se informar para tomar decisões *se* de fato escolher engravidar. A verdade é que a ciência mostra que mulheres podem beber vinho durante a gravidez, ou mesmo comer queijo fedido de vez em quando (Um estudo britânico de 2010, por exemplo, não encontrou efeitos negativos em crianças de cinco anos cujas mães haviam bebido levemente durante a gravidez[4]). É o abuso de substâncias que tem um impacto negativo sobre uma grávida e o feto — mas a indústria médica não confia o suficiente nas mulheres para fazer essa distinção.

E quando a saúde fetal — ou potencial saúde fetal — se centra na assistência médica, os cuidados à própria mulher podem sofrer.

Kukla contou que quando tinha 37 anos, depois de ter seu primeiro e único filho, foi ao médico para pedir um antibiótico para uma infecção urinária. O médico perguntou se ela poderia estar grávida. Ela disse que não. Ele perguntou se ela poderia engravidar, ela disse não novamente. Ele perguntou se ela era sexualmente ativa. "Ele não desistia", disse Kukla. O médico disse que não lhe prescreveria o antibiótico que normalmente indicaria já que havia chance de ela engravidar. Em vez disso, insistiu em um mais fraco e menos usado, que causaria menos complicações durante a gravidez.

"Não importa se sou uma mulher adulta, capaz de fazer controle de natalidade e que teria interrompido uma nova gravidez. Pelo fato de ser alguém que poderia engravidar, prescrevem esse outro medicamento, menos eficaz".

Essa obsessão com a maternidade como um dom e mulheres como mães em potencial revela algo fundamental sobre o conceito parental americano. Não temos escolha. Ter filhos é simplesmente algo que todos — em especial as mulheres — têm que fazer. Uma vez que tamanha decisão é vista como inevitável, e não como uma escolha, faz sentido que tudo que se relacione a ter filhos se torne uma questão muito importante com a qual se preocupar.

ANSIEDADE PARENTAL

Ser pai e mãe nos Estados Unidos é algo cheio de ansiedade, incerteza e infelicidade, que começa antes do nascimento, antes da gravidez, antes de anotar o período fértil no calendário e pensar no melhor momento para ter relações sexuais, antes da atração sexual por aquele homem bonito a seu lado no avião. Na verdade, a partir do momento que nascemos já somos ensinados o que é ser bons pais. Quando somos crianças, nossos pais são o centro de nosso mundo e, consequentemente, imitamos seu amor (ou negligência).

À medida que envelhecemos, preocupamo-nos com que carreira se encaixaria melhor com uma família — se tivermos sorte suficiente para poder escolher a profissão. Pensamos em nossa idade. Preocupamo-nos com o tipo de parceiro que vamos ter. Se poderemos ter filhos "naturalmente"; o que vamos comer durante a gravidez, se poderemos praticar exercícios, aquela posição da ioga, comer aquele queijo fedido. Ficamos imaginando se o parto de nossos filhos vai ser tranquilo, se faremos o parto na água, ou natural, ou uma cesárea programada.

Mesmo que não queiramos ter filhos, a ideia de inevitavelmente tê-los está em toda parte. Certa vez, perguntaram em um quadro do *Today*, programa matutino mais famoso da TV americana: "É errado que uma mulher não queira ter filhos?" Médicos se recusam a realizar laqueaduras em mulheres consideradas "muito jovens" (em grande parte, esse é um problema para mulheres brancas de classe média alta — a mulheres pobres e negras, rotineiramente se oferece, ou se pressiona, fazer controle de natalidade de longo prazo ou esterilização). Lauren, de 25 anos, que sempre soube que não teria filhos, teve que passar por quatro médicos antes de encontrar um que fizesse o procedimento. "Todos se preocupavam com que eu mudasse de ideia depois", disse ela.

Para aquelas que não têm certeza de que querem filhos, há muito pouco espaço para erros ou conversa e avaliação. Nossa chance de engravidar a cada mês aos 30 anos é de cerca de 20%; aos 40 anos as chances caem para 5%. Temos seis meses para tentar antes que a maioria das associações médicas nos recomende procurar um especialista em infertilidade. Mulheres que prefeririam dedicar tempo a analisar as opções são informadas de que não podem se dar a esse luxo.

Quem tiver a sorte de engravidar da maneira tradicional, ainda tem muito com que se angustiar. Eis algumas complicações mais comuns em grávidas com mais de 35 anos, de acordo com os relatórios da Mayo Clinic, maior e mais antiga organização médica dos Estados Unidos: diabetes gestacional, hipertensão arterial, anormalidades cromossômicas no feto (como síndrome de Down) e aborto. Também correm maior risco de endometriose, tubas uterinas bloqueadas, miomas, gravidez ectópica, necessidade de cesariana devido a problemas como placenta prévia (em que a placenta bloqueia o colo do útero), e — como terrível conclusão, dadas todas essas outras preocupações — parir um natimorto. Mas mulheres, não se preocupem: não são só vocês que correm riscos. Os homens também podem sofrer um declínio da fertilidade aos trinta e poucos anos, e alguns estudos dizem que crianças nascidas de homens de mais de quarenta anos têm maior chance de ter autismo. Viva a igualdade?

A ciência é sensata; não há dúvida alguma de que é mais difícil ter filhos quanto mais envelhecemos. Mas o pânico com que tal informação é transmitida às mulheres americanas beira a loucura. Em 2002, Sylvia Ann Hewlett lançou seu livro *Maternidade tardia: mulheres profissionais em busca da realização plena*, que alertava as mulheres de que quanto mais velhas e bem-sucedidas fossem, menos provavelmente teriam filhos. Seu lançamento nos Estados Unidos foi acompanhando de comentários do tipo: "O pânico de bebês", "Caça ao óvulo tardio", "A solidão da mulher poderosa", "Correndo contra o relógio" e "A grande mentira feminista". No Reino Unido, o livro até recebeu um novo título, *Baby Hunger* [Fome de bebê]. Era a versão modernizada da matéria da *Newsweek* que dizia que mulheres de mais de 40 anos tinham mais probabilidade de serem mortas por um terrorista que de encontrar um marido — eventualmente, a reportagem foi desmascarada. Hoje, você pode ver como os tabloides espumam pela boca falando da suposta tristeza de Jennifer Aniston por conta do seu útero vazio.

Mas quando engravidamos — depois de conseguirmos superar os incríveis obstáculos para tanto — é que o problema começa de verdade. Não só temos que seguir as diretrizes do CDC — como tomar suplementos e não fumar ou beber —, como também temos que ler os milhares de livros, sites e folhetos que nos dizem exatamente o que podemos e o que não podemos fazer. Principalmente o que "não podemos". Livros como o best-seller *O que esperar quando você está esperando* (que virou filme cujo cartaz apresentava uma Cameron Diaz grávida e a frase: "Se eu soubesse que seria esse tormento, teria engravidado anos atrás!") lista, em detalhes meticulosos, os vários perigos aos quais uma mulher grávida deve prestar atenção, desde o sushi até banhos quentes de imersão. Sites como o BabyCenter dão destaque a fóruns nos quais mulheres de todo o país podem perguntar umas às outras — e a especialistas — se seu comportamento de alguma forma pode colocar a gravidez em risco.

Aqui estão algumas das perguntas que as mulheres fazem em fóruns online sobre gravidez:

Posso pintar? Fazer exercícios?
É seguro transar de quatro?
Posso fazer as unhas/tatuagem/permanente/tingir o cabelo?
Posso fazer abdominais?
Posso usar o micro-ondas?
Devo ou não levantar minha mala até o compartimento
de bagagem no avião?
Devo fazer abdominais?

Posso usar o notebook?
Um orgasmo pode machucar o bebê?
Posso dormir de barriga para baixo/de lado/de costas/em colchão d'água?
Posso andar de avião?
Posso ir a parques de diversões?
É seguro beber água da torneira/refrigerante/café?
Posso tomar comprimidos para dormir/antidepressivos/ansiolíticos?
Meu xixi deveria ser dessa cor?

A lista do que as mulheres grávidas *podem* fazer é muito menor e muito mais regulamentada. O modelo de "dieta da gravidez" do livro *O que esperar quando você está esperando*, por exemplo, requer um doutorado em matemática e nutrição para conseguir acompanhar.

O livro diz que as grávidas devem comer 350 calorias a mais que o normal por dia durante o segundo trimestre, e quinhentas calorias extras no terceiro trimestre (Para aquelas que não estão acostumadas a contar calorias, isso já é uma tarefa difícil). A "dieta" exige que as mulheres consumam três porções diárias (ou 75 gramas) de proteína e três porções de vitamina C, o que poderia ser na forma de 1/8 de melão, 1/4 de papaia, ou meia manga média. Precisam de quatro porções de cálcio — *O que esperar* recomenda 1/4 xícara de queijo ralado, um copo de iogurte ou trinta gramas de queijo. Depois, quatro porções de folhas, ou legumes amarelos, ou frutas, duas porções de frutas e legumes não amarelos, seis porções diárias de cereais integrais e leguminosas, e pelo menos um item de sua lista de "rico em ferro", que inclui sardinhas, carne de búfalo e melaço. Ah, sim, e quatro porções de gorduras e pelo menos oito copos de líquido por dia. Tranquilo.

Quando eu estava grávida, houve uma época em que comia só maçã e ovo mexido (Pergunte ao meu pobre marido sobre quando pedi outro copo de água, porque o que ele havia me levado tinha um cheiro esquisito. "Água não tem cheiro!", gritou ele antes de ir buscar correndo outro copo). Como qualquer pessoa que já teve os insanos hormônios da gravidez correndo por seu corpo sabe, não existe maneira possível de manter uma "dieta". Mas, se conseguir se manter longe dos alimentos "inimigos" da gravidez, como queijo não pasteurizado e vinho, poderá escapar sem muita crítica.

No entanto, tão logo consiga atravessar a gravidez, toda uma nova sobrecarga de julgamento a espera na sala de parto. Minha mãe é uma mãe incrível para qualquer padrão. Amamentou minha irmã e eu; tinha seu próprio negócio, que dividia com meu pai (uma loja de roupas femininas), o que significava que ela podia ficar em casa quando queria e levar-nos para o trabalho quando quisesse. Sempre podíamos contar com ela: eventos esportivos, jogos da escola, recitais, histórias antes de dormir, joelhos esfolados, e — quando começamos a crescer — corações partidos, xiliques, e sair de casa. A única ajuda que ela teve foi da minha avó e de um primo mais velho, que às vezes tomava conta de nós. Mas se você perguntar a minha mãe, esse bastião da intuição materna e do autossacrifício, ela vai responder que sempre se sentiu uma mãe incompleta. Por quê? Porque fez cesáreas.

Não só como e quando engravidar, ou como nos "comportar" durante a gravidez; também a maneira que escolhemos para trazer filhos ao mundo se tornou um marco do tipo de mãe que seremos. Somos mães "naturais" ou "frescas demais para fazer força"? Ao menos *tentamos* parir sem anestesia?

Quando (ou se) temos filhos, não temos que nos preocupar apenas em entretê-los, estimulá-los, educá-los, e fazê-los felizes em todos os momentos; temos também que transmitir ao mundo em volta que ter filhos foi a melhor decisão que já tomamos, não importa quão difícil ou exaustivo seja. Mesmo dormindo duas horas por noite, tendo os mamilos esfolados pela bombinha de leite, ou não podendo fazer xixi por mais de dois anos sem uma criança olhando, sorrimos, afirmamos a nossas amigas sem filhos que não só vale a pena, mas que somos mais felizes do que jamais fomos. A verdade, é claro, é muito diferente. Dada a preocupação, os malabarismos e os constrangimentos que enfrentamos antes de sequer termos chegado ao âmago da questão de aprender a viver com nossos filhos, não é de admirar que os pais americanos estejam mais infelizes do que nunca.

Minha própria experiência com a infelicidade parental esteve amplamente enraizada no fato de minha filha ter nascido prematura, no meio de uma crise médica que ameaçava minha vida. Ainda me recuperando do trauma de ter parido minha filha quase três meses antes da data prevista, e me recuperando de uma cesárea complicada, minhas primeiras ações como mãe foram visitar Layla na incubadora (só para olhar, pois não podia tocá-la) e dar a limitada energia que eu tinha a uma bomba de leite hospitalar, o que fazia com que me sentisse uma vaca ordenhada eletronicamente. Essas eram, literalmente, as únicas coisas que eu podia fazer como mãe.

Cinquenta e seis longos dias depois, quando Layla finalmente veio para casa, gelei. Paralisada de medo e estresse pós-traumático, fiquei distante. Sim, eu a alimentava, dava banho e a segurava, mas era tudo superficial, feito sem alegria. Não que eu não amasse Layla, mas era incapaz de sentir o imenso amor que tinha por ela por conta do medo avassalador de que ela morresse. Embora ainda me sinta incrivelmente culpada pelos primeiros meses de infelicidade e falta de envolvimento, relaciono o que aconteceu a um trauma. Tenho uma desculpa. Não posso imaginar o tamanho de minha culpa se não tivesse, se fosse simplesmente infeliz sem ter uma uma "boa" razão.

SORRIA, GENTE FELIZ!

Quase todos os estudos feitos nos últimos dez anos sobre a felicidade dos pais mostra um declínio acentuado na satisfação na vida de pessoas com filhos. Um estudo de 2011 publicado na revista *Psychological Science*, de cientistas da Universidade de Waterloo, mostrou que os pais rotineiramente exageram a alegria parental como uma forma de justificar (autoconsolação, talvez?) o imenso custo financeiro de ter filhos; assim como 20% das mulheres experimentam sintomas de depressão pós-parto. E um estudo sobre 5 mil famílias realizado pelo Centro de Investigação Pediátrica da Eastern Virginia Medical School mostrou que um a cada dez homens também apresentam os sinais da depressão pós-parto[5]. Outro estudo, de oito anos, com mais de duzentos casais, publicado no *Journal of Personality and Social Psychology*, mostrou que 90% dos entrevistados relataram diminuição na satisfação conjugal depois de ter um bebê. E essa é a boa notícia.

Se você é pobre e sofre de falta de apoio social e familiar, tem mais chances de ser infeliz no casamento depois de ter filhos, e a depressão dispara a mais de 50% para as mulheres.[6] Se você é dona de casa, está mais propensa a sofrer de depressão, mas se é uma mãe que trabalha, que tem expectativas irreais sobre sua capacidade de equilibrar trabalho e responsabilidades familiares, suas chances de infelicidade e depressão também sobem. E esses estudos nem sequer abordam o tédio, a sensação de estar faltando algo, de que ter filhos deveria ser melhor do que realmente é.

Isso não quer dizer que os pais não amam seus filhos ou que não encontram alegria em criá-los. Claro que sim. É uma experiência incrível, inigualável. Mas também tendemos a adicionar um brilho de felicidade em nossa vida como pais, porque quem discute as dificuldades é considerado chorão, ingrato, ou — em alguns círculos nos quais a criação dos filhos se tornou uma competição — perdedor. Vestimos uma máscara de coragem e fazemos piadas sobre as noites sem dormir, a falta de sexo e o cheiro de vômito de bebê que agora está impregnado em todas as nossas blusas boas.

Porque no fim das contas, tivemos filhos pela expectativa de felicidade. Quando pesquisadores de um estudo de 2010 do Pew Research Center perguntaram a casais por que decidiram ter o primeiro filho, quase 90% das respostas foram "pela alegria de ter filhos". Pela felicidade que vem de amar e criar outro ser humano. Quando a felicidade não acontece, é difícil admitir — não só porque parecemos ingratos, mas porque dizer a verdade parece um insulto aos filhos que tanto amamos.

Mas talvez os filhos não devam nos fazer felizes. Historicamente, os americanos tinham filhos para ajudar na fazenda da família ou na casa — para produzir membros de uma comunidade maior. Hoje, a opção de ter filhos tem menos a ver com criar cidadãos produtivos que com criar alguém que nos ame incondicionalmente, alguém em quem concentremos todo nosso amor e energia. A enormidade dessa expectativa não só deixa os pais infelizes, perguntando-se por que não estão babando por seus filhos, mas também vem criando uma geração de jovens que pensam que o mundo gira em torno deles (Afinal, eles são apenas crianças — é uma pressão muito grande para se colocar nesses minúsculos seres humanos).

De acordo com os pesquisadores da Universidade de Waterloo, quando as crianças tinham mais valor econômico — quando trabalhavam na loja da família em vez acumular despesas de escolas particulares ou esvaziarem nossos bolsos por conta de fraldas — os pais eram muito menos sentimentais para com elas. À medida que os custos financeiros das crianças subiram, aumentou também a noção de que a vida parental é alegre, gratificante e emocionalmente recompensadora. A alegria parental é, em grande medida, uma ideia nova, mas poderosa.

Daniel Gilbert, professor de psicologia da Universidade de Harvard e autor de O que nos faz felizes, diz que os pais muitas vezes se surpreendem ao saber que provavelmente seriam mais felizes e satisfeitos com sua vida diária se não tivessem filhos. "Eles valorizam e amam seus filhos acima de tudo — como meus filhos podem não ser uma grande fonte de felicidade?"

Gilbert diz que não é tanto que as crianças não nos fazem felizes — elas trazem alegria para a vida das pessoas —, mas é que os filhos também "expulsam" outras fontes de felicidade.

"Então, as pessoas têm um primeiro filho, e, muitas vezes, no primeiro ou segundo ano, percebem que não estão mais fazendo outras coisas que costumavam fazê-las felizes. Não vão ao cinema ou ao teatro; não saem com os amigos; não transam com seu parceiro. Tudo aquilo que era fonte de felicidade não existe mais".[7]

Mas só porque a alegria dos pais não é necessariamente algo palpável — ou por poder ser uma expectativa perigosa — não significa que não podemos lutar por ela. Ou que não podemos dar fim a tudo aquilo que nos faz infelizes. A verdade é que devemos tentar ficar felizes, para nosso bem e para o bem de nossos filhos. Crianças que têm pais deprimidos interagem menos com colegas cujos pais são felizes e não deprimidos; filhos de homens deprimidos têm aos dois anos vocabulário menor que crianças cujos pais não sofrem de depressão. Devemos isso a nossos filhos — e às crianças que não são nossas: perguntar-nos os motivos pelos quais criar filhos é tão difícil, o que podemos fazer para tornar a tarefa um esforço mais fácil e mais feliz, e o que falta para garantir que isso aconteça. Às vezes, a infelicidade é um obstáculo de nossa própria invenção — as enormes expectativas de nos trazer alegria que colocamos sobre nossos filhos, ou a culpa extrema e o julgamento que acumulamos sobre nós mesmos se não formos pais de uma forma precisamente "correta". Muitas vezes, os obstáculos para a felicidade parental são estruturais — há uma razão para que pais com mais recursos e mais segurança financeira sejam mais felizes que seus homólogos com rendimentos mais baixos. No entanto, na maioria das vezes ocorre uma combinação dos dois — nossos desejos e nossos recursos limitados —, e, o mais prejudicial, a crença de que não há nada que possamos fazer para mudar as coisas.

A verdade é que a alegria parental está ao nosso alcance; só requer um pouco de conhecimento, de trabalho, e o desejo de mudar o *status quo*.

DOIS
A ligação com a mãe é natural

> Até breves separações maternas podem ser psicologicamente prejudiciais para os filhos, e, sob esse ponto de vista, ninguém, nem mesmo o pai da criança, pode substituir a mãe [...] Aos olhos de uma criança, a mãe não está simplesmente ausente; ela se foi para sempre.
>
> — *Natural Family Living: The Mothering Magazine Guide to Parenting*

SE VOCÊ nunca viu um bebê de 4 quilos grunhindo sentado no vaso sanitário, garanto que é um espetáculo a ser visto. Vídeos de mães segurando seus filhos no colo ou diretamente sobre o vaso sanitário enquanto fazem suas necessidades entopem sites de mães e o YouTube.

Esses bebês não são prodígios sanitários — se é que uma coisa dessas existe! Alguns usam o vaso sanitário já com poucas semanas de idade, graças à adesão de seus pais à "Comunicação de Eliminação", prática mais relacionada a um estilo parental que ao treinamento de uso do vaso sanitário.

Os defensores da CE — também chamada de "liberdade da fralda" ou Higiene Infantil Natural — afirmam que os bebês, desde o nascimento, não precisam de fraldas. O princípio básico da CE é que se os pais tiverem tempo de ler os sinais faciais e a linguagem corporal de seus bebês, vão saber exatamente quando seus filhos precisam "eliminar", e poderão levá-los ao banheiro e segurá-los sobre o vaso sanitário, ou sentá-los em suas próprias pernas abertas para que o bebê possa fazer suas necessidades sem as restrições da fralda. Os pais também são incentivados a assobiar no ouvido do filho — um som que o bebê associará a ir ao banheiro, de modo que os pais poderão provocar uma espécie de resposta pavloviana (embora nunca a descrevam como tal) de seus filhos.

Acólitos da CE também acreditam que as fraldas impedem a comunicação dos bebês com seus pais, interferem nos ritmos e necessidades naturais de seu corpo e que, ao não praticar a CE, os pais estão negligenciando seus filhos em um nível muito fundamental. Christine Gross-Loh, autora de *The Diaper-Free Baby: The Natural Toilet Training Alternative*, escreve que "por ignorar os sinais de eliminação de um bebê, estamos pedindo a ele que ignore um instinto natural e em seu lugar enfrente algo que provavelmente acha desagradável" (Obviamente,

Gross-Loh nunca viu a carinha alegre de um bebê brincando feliz com seus bloquinhos e sentado em seu próprio cocô).

Se a CE parece muito trabalhosa, é porque é mesmo. Os bebês podem urinar com muita frequência, a cada quinze minutos, fazendo com que corridas ao banheiro se tornem parte central do dia de uma mãe. Acrescente a isso o fato de que a CE não permite que os pais se afastem muito de seus filhos — afinal de contas, você precisa ficar estudando o rosto do bebê, observando os sinais reveladores de uma eliminação que se aproxima —, e uma mãe que pratica CE essencialmente passa cada minuto do dia atendendo às funções corporais de seu filho.

Mas Gross-Loh "caga e anda" — desculpem o trocadilho — para o fato de que as mulheres não têm tempo de sentar e observar os sinais de eliminação. Ela escreve que "muitos pais estão em estreita proximidade com seus recém-nascidos" (Todas as mães, nesse cenário, têm licença maternidade ou recursos ilimitados para garantir que estejam em casa com seus filhos). Para aquelas cujos filhos já são mais velhos e se locomovem sozinhos, embora haja "desafios", Gross-Loh garante que os pais da CE estarão tão "em sintonia" com seus filhos que simplesmente vão saber quando precisarem eliminar, mesmo se estiverem em outro cômodo. "Essa é a natureza da consciência que você cultivou durante essa jornada", diz Gross-Loh.

Para ultraconservadores da CE, como Krista Cornish Scott, que narra suas aventuras de uma vida livre de fraldas em seu site Free to CE!, isso não tem nada a ver com a quantidade de trabalho que representa. Para ela, a CE tem a ver com o desejo humano básico de se comunicar com seu filho. Scott diz que todo pai e mãe que presta atenção sabe que os bebês dizem quando precisam fazer suas necessidades. Basta pensar nessas lindas carinhas de bebê grunhindo!

"Depois de aceitar a ideia de que os bebês são conscientes dessa necessidade [de usar o banheiro], como pode um pai que deseja satisfazer as necessidades básicas e primordiais da criança continuar a ignorar a Comunicação da Eliminação?" Scott acredita que os pais que debocham da CE simplesmente não estão interessados em cuidar de seus filhos com a mesma intensidade que ela. Quando os pais ensinam seus filhos a usar fraldas, "transmitem que a necessidade de não se sujar não será alcançada", diz Scott (Em entrevista a um programa de televisão[1] australiano sobre Criação com Apego, Scott também chamou os carrinhos de bebê e o bebê-conforto de "neglectomáticos", algo onde os pais "colocam o bebê [...] para esquecê-los").

Bem, por razões óbvias, a CE não é uma prática comum. Poucos livros foram escritos sobre o assunto, vários milhares de membros participam de um fórum online, e sua porta-voz mais famosa é Mayim Bialik (estrela de *The Big Bang Theory*, no papel de Amy Farrah Fowler, namorada de Sheldon Cooper), uma defensora do conceito de "mãe holística" que certa vez disse que bebês que não conseguem sobreviver a um parto em casa talvez "não sejam favorecidos evolutivamente". Sim, nada convencional, para qualquer amplitude de imaginação.

Embora a Comunicação de Eliminação seja radical, conta uma história perturbadora acerca da maternidade moderna. Talvez nenhuma outra filosofia parental resuma tão completamente a pressão esmagadora sobre as mães para serem tudo para seus filhos, bem como a obsessão da cultura americana de venerar um determinado tipo de mãe — aquela que desiste de tudo pelo filho.

As mulheres quase que exclusivamente fazem o trabalho chato da CE. A prática pressupõe que todas as mulheres têm o tempo — a ideia de que as mulheres trabalham fora quase nunca é contemplada — e o desejo de se dedicar inteiramente às minúcias da vida de seus filhos e a seus movimentos intestinais. Sugere que as mulheres que não seguem esse regime intenso não estão se conectando com seus filhos e, o mais perigoso, considera a subordinação dos desejos da mãe aos de seus filhos como se fosse algo "natural" e melhor que ter necessidades distintas e separadas. Em suma, é o pior pesadelo de uma feminista.

Assim como as tendências parentais que captam a atenção da mídia — agora a moda são os "cuidados maternais naturais", desde partos em casa até as roupas de bebê —, a CE também representa o fenômeno fetichista da classe média branca de imaginar uma maternidade de "terceiro mundo", que supostamente seria mais pura e natural que as práticas parentais dos países desenvolvidos. Um refrão comum dos defensores da CE, por exemplo, é que as mães na Índia e na África não usam e nem precisam de fraldas. Não importa que não exista um padrão de experiência parental "indiana" ou "africana" (ou que a África não seja um país), ou que as mães a quem se referem ficariam muito felizes se houvesse disponibilidade de fraldas. É fácil se apropriar de uma fixação condescendente sobre a maternidade "subdesenvolvida" quando se tem os recursos financeiros e o tempo livre para escolher o modelo parental que melhor funciona para você no momento. Esse racismo desinformado é perfeitamente capturado no site de Krista Cornish Scott, onde ela assegura aos leitores que a "CE não é apenas para mulheres africanas do mato".

Não importa quão privilegiada seja a perspectiva, esse retorno a um tipo supostamente mais simples, mais "maternal" de relação parental vem sendo apontado como o novo ideal feminista e feminino. Ou, mais precisamente, um retorno à mãe natural que sempre devíamos ter sido.

Na última década, o movimento "criação natural" disparou. Os partos em casa nos Estados Unidos aumentaram 29% desde 2004.[2] Existe mais de um milhão de blogs dedicados à criação natural e à Criação com Apego, e cada vez mais as crianças estudam em casa. A ideia da criação natural se tornou tão predominante que as revistas de fofocas publicam matérias como: "Mães famosas: quem fez parto natural e quem fez cesárea?", e perguntam que celebridades são "frescas demais para fazer força".

Mas, se um tipo de criação é "natural", o que isso faz de todos os outros tipos de criação de filhos? Apesar de toda a forte retórica em torno do novo ideal materno — Intuição feminina! Instinto maternal! —, isso não é apenas um jeito enfeitado de dizer às mulheres que seu papel mais importante na vida é o doméstico?

APEGADA AO SLING

Quando eu estava grávida, o livro do Dr. William Sears — que ganhei de uma amiga que teve um parto perfeito em casa, maldita! — foi minha bíblia. Lia *The Baby Book: Everything You Need to Know About Your Baby from Birth to Age Two* todas as noites, destacando as passagens para meu marido e concordando com a cabeça com a ênfase no vínculo pais-filho (Dr. Sears é o guru moderno da Criação com Apego, a popular filosofia que incentiva as mães a ficar em estreita proximidade física com seus bebês o tempo todo, geralmente implicando usar sling, amamentar e dormir na mesma cama com o bebê). Imaginei-me escrevendo artigos enquanto carregava Layla no sling, fazendo comida de bebê orgânica em minha hora de almoço, e amamentando enquanto descansava feliz na cama, às vezes cochilando com ela.

Algumas dessas coisas aconteceram — fiz uma papinha orgânica decente e consegui usar fraldas de pano por um mês, antes de o mau cheiro do lixo na lavanderia se tornar insuportável e a dificuldade de encontrar calças plásticas pequenas o suficiente para servir em Layla provar ser demais para minha já pouca paciência —, mas quando não conseguia cumprir todos os meus planos de criação natural, ficava desapontada (comigo, acima de tudo). No começo, pensei que era por causa da natureza emergencial do nascimento de Layla — que o estresse de ter um filho em circunstâncias menos que perfeitas tornara difícil dar o meu melhor como mãe. Mas agora entendo.

Se você tem qualquer tipo de vida independente de seu filho, flexibilidade é a única coisa que vai garantir seu dia. Simplesmente não existe nenhuma maneira de cuidar de suas próprias necessidades, se você — e só você — cuidar de todas as necessidades de seu filho. E enquanto os instintos maternos naturais podem se mostrar para algumas pessoas, estas não são necessariamente a norma.

Houve uma vez que achei ter um momento natural de felicidade materna. Layla, que não pegou facilmente o peito porque era prematura, estava feliz mamando pela primeira vez em semanas. Eu olhava para ela, que se nutria de meu corpo, e meus olhos se encheram de lágrimas. Esse era o momento do qual eu ouvira falar, o momento que estava esperando. O pensamento rapidamente desapareceu quando Layla espirrou e deixou uma gigantesca meleca verde e vermelha em meu mamilo. Percebi, então, que não havia nenhum livro ou filosofia que me preparasse para ser mãe. Apesar da minha fantasia de ser uma mãe aprovada pelo Dr. Sears, a realidade me bateu bem no peito.

Petra Büskens,[3] pesquisadora e psicoterapeuta que vive na Holanda e editou um livro de ensaios sobre maternidade e psicanálise, diz que esse mito da maternidade natural, intuitiva, é realmente um ideal construído por realidades políticas e econômicas modernas. Antigamente, as mães tinham uma comunidade de apoio — outras mulheres, homens e crianças, e ainda realizavam trabalho não doméstico, além da criação dos filhos. Mas à medida que as mulheres foram excluídas da esfera pública, as mudanças sociais "elevaram a maternidade ao status de ocupação divina", e transmitiram o conceito de que criar os filhos devia ser um esforço solitário e doméstico.

Danielle, 33 anos, vive em um subúrbio de Boston e tem um grande problema. Teve seu primeiro filho quando vivia a quatro horas e meia de distância de sua família e amigos próximos, que moravam Nova York.

Embora a ideia de criar seu filho com apego fosse tentadora para Danielle, era quase impossível, dado de que ela trabalhava fora. "Bombeava leite do meu peito literalmente sentada no vaso sanitário de um banheiro público porque tinha que me deslocar para trabalho, mas quatro meses após o parto, eu ainda bombeava quase meio litro de leite todos os dias". Ela disse que a falta de apoio social, juntamente com todo o trabalho que tinha para "naturalmente" criar laços com seu filho, fez com que sentisse como se estivesse enlouquecendo.

"Meu filho está muito bem, mesmo com todos os desafios que enfrentei, mas tenho certeza de que ele nunca vai sentir o peso da dificuldade que tudo isso foi para mim. Por outro lado, eu, bem... quase enlouqueci".

Büskens escreve: "A expectativa fica muito longe da realidade moderna da criação dos filhos — não há nada de 'tradicional' nisso". Ela observa que a culpa "debilitante" que as mães sentem muitas vezes se deve ao fato de aderirem a uma filosofia parental supostamente natural sem ter qualquer um dos apoios que as mães de antigamente tinham.

"As mães tentam fazer horários rigorosos de maternidade apegada em um contexto social cada vez mais fragmentado e desprovido de fundamentos". Essencialmente, somos adeptos da Criação com Apego, mas sem uma rede de apoio.

Quando Andie Fox, 39 anos, foi mãe, uma das coisas que notou de imediato foi a tensão entre ela e seu parceiro em termos de igualdade. "Quando eu estava nos estágios iniciais da maternidade, preocupava-me com a justiça", disse. "Foi um choque ver nosso relacionamento se tornar cada vez mais tradicional". Então, Andie fez o que muitas mães fazem hoje: criou um blog. No Blue Milk[4] ela escreve sobre a interseção entre a maternidade e o feminismo. Também escreve um pouco sobre Criação com Apego, que, depois de tentar descobrir que "estilo" parental tinha, parecia corresponder muito bem ao que ela já vinha fazendo e sentindo.

Ela diz que por mais que se identifique com a Criação com Apego, deseja que alguns dos livros ou especialistas por trás da prática reconheçam que se espera que as mulheres assumam uma responsabilidade grande demais na criação dos filhos. "A Criação com Apego não é nada transparente acerca da desigualdade que acontece muito naturalmente — e, talvez, tenha que acontecer — nos estágios iniciais da criação de um filho. Se ao menos reconhecessem que se você amamenta, você é a fonte de tudo, tornaria tudo muito mais fácil".

O feminismo, diz ela, nem sempre foi totalmente útil para as mães — especialmente em termos de ser capaz de identificar e articular o desejo relacionado à decisão de ser mãe. Mas ela acha que se a Criação com Apego começasse a discutir abertamente o modo pelo qual se espera que as mulheres sejam os responsáveis primários, mais mulheres de espírito feminista estariam abertas à prática e não ficariam tão surpresas quando experimentassem o choque de assumir grande parte da criação dos filhos nesses primeiros meses.

Para Andie Fox, a Criação com Apego — com as desigualdades e tudo — fez com que as coisas parecessem funcionar mais naturalmente para ela.

Porém, Büskens ressalta que é incorreto chamar essa criação de "natural", visto que a filosofia dos cuidados foi introduzida na maternidade ocidental deliberadamente por meio de uma indústria de livros e especialistas, e só depois posta em ação por mães em "famílias nucleares isoladas".

E, de fato, a Criação com Apego do Dr. Sears é mais um império de aconselhamento parental que um grupo holístico de conscientização. Seu *Baby Book* já vendeu mais de 2 milhões de exemplares desde sua publicação em 1993. O Dr. Sears original— William Sears — agora é apenas um dos vários doutores Sears que você pode procurar para uma assessoria. Seus filhos, Jim, Bob e Peter, são todos médicos e fazem parte do negócio da família, distribuindo conselhos no site AskDrSears.com e dando entrevistas. Dr. Jim Sears é assíduo frequentador do programa *The Doctors*, na CBS.

As três filhas do Dr. Sears — Hayden, Lauren e Erin — não estão envolvidas com o império CA — aparentemente, só os homens são qualificados para dar conselhos às mães. Martha, esposa de Dr. Sears, uma enfermeira que se diz "mãe profissional", também é destaque no site e nos livros de Sears, mas seus conselhos são muitas vezes caracterizados como mera informação complementar (Devo dizer que, como feminista, acho isso é um pouco desconcertante).

A família Sears também possui uma completa linha de produtos, Dr. Sears Family Essentials ("Produtos saudáveis em que você pode confiar, da nossa família para a sua!"), que inclui de tudo, desde suplementos vitamínicos e petiscos até bebidas e lenços umedecidos. Mães CA podem comprar produtos avalizados pelo Dr. Sears, como talheres de bebê, cremes para assaduras, e até slings (sessenta dólares por uma faixa de pano!). E claro, você pode escolher entre mais de quinze livros — desde o carro-chefe *Baby Book* até *Dr. Sears' LEAN Kids* (com exercícios físicos e dieta para crianças) e *The A.D.D. Book* (para tratamento de transtorno de déficit de atenção sem medicamentos). O rebanho Dr. Sears também chama a atenção para a linha de suplementos alimentares Juice Plus, uma empresa acusada por organizações de defesa do consumidor de publicar anúncios enganosos defendendo que suas "balinhas" eram uma alternativa viável para frutas e legumes. Essa não é exatamente a versão "volta-ao-básico" do estilo maternal que Sears tanto apregoa em seus livros.

Apesar da desconexão corporativa, centenas de milhares de mães estão aplicando a seus filhos a Criação com Apego. É algo que a escritora feminista Erica Jong chamou de "uma orgia de *motherphilia*" em um artigo de 2010 no *Wall Street Journal*.[5] Jong zombou da Criação com Apego, argumentando que "você tem que carregar o bebê grudado no corpo, dormir com ele e sintonizar-se totalmente às suas necessidades. Como fazer isso e também ganhar dinheiro para sustentá-lo é raramente discutido". Jong escreveu que a Criação com Apego — juntamente com a postura ambientalmente correta que leva as mães a fazer sua própria papinha orgânica e buscar as coisas "verdes" — "vem encorajando a vitimização feminina" e prende as mães.

Alguns acusaram Jong de simplificar essa forma de criação de filhos, ao passo que outros sugeriram que ela simplesmente tentava arranjar desculpas para sua própria criação indiferente. Katie Allison Granju e Jillian St. Charles escreveram no blog Motherlode do *The New York Times* que "Jong devia parar de culpar as mães pelas coisas que o movimento feminista deixou sem fazer",[6] e que "muitas mulheres vão dizer que ser mãe foi a experiência mais politicamente radical de sua vida".

A própria filha de Jong — Molly Jong-Fast — declarou por escrito que Jong "era famosa, estava sempre em turnê, sempre trabalhando, sempre tentando se manter na lista de best sellers do *New York Times*. Pessoas famosas, que com frequência são workaholics intensamente obstinadas geralmente não estão focadas em seus filhos. Para minha mãe [...] um filho representava a morte de um sonho; era a morte da ambição de uma pessoa"[7] (Mas sua mãe lhe deu um pônei, observou).

Críticas como as feitas a Erica Jong frequentemente carregam esse tipo de escárnio e ceticismo — para não mencionar os ataques aos genuínos cuidados maternais. É quase a mesma reação negativa que a feminista francesa Élisabeth Badinter recebeu a seu best seller *O conflito: a mulher e a mãe*. Badinter argumenta que o leite em pó, as fraldas e os alimentos industrializados para bebês foram todos "estágios da liberação das mulheres", o que fez defensores dos cuidados maternos naturais espumarem pela boca. A crítica velada à Criação com Apego, no entanto, é que para mães que não são de classe média alta, a CA é algo que elas já fazem sem rotular como uma filosofia e sem aderir a um determinado conjunto de regras. Tedra, por exemplo, fazia seu filho dormir na cama dela e o carregava no sling com bastante frequência. Mas nunca leu "o maldito livro de Sears porque parecia mandão e chato".

E para mães que não têm tempo nem recursos para pôr um nome em seu jeito de criar os filhos, as discussões em torno da CA parecem um pouco banais. Mães que se preocupam em ter comida suficiente para alimentar seus filhos não necessariamente reclamam em fóruns online sobre ter ou não que carregar o bebê grudado ao corpo. Alguns bebês dormem com os pais não porque estes acham que isso vai promover o tipo adequado de vínculo, mas porque têm só um quarto — e talvez nem tenham berço.

A reação negativa a esse tipo de crítica pode ser, em parte, uma razoável atitude defensiva — quem não ficaria irritado se alguém criticasse o modo como cria seu filho? E é verdade que argumentos como os de Jong e Badinter são polêmicos e se destinam a provocar. Mas nosso desconforto com as teorias que confrontam os cuidados maternos "naturais" pode ser mais que um mero senso de auto-afirmação; é também auto-enganação.

Seja chamada de Criação com Apego, criação natural ou simplesmente instinto maternal, esse falso "retorno" à criação tradicional é apenas uma versão mais explícita e deliberada da divisão de gênero na criação dos filhos muitas vezes invisível. Não importa se carregam o bebê no sling, se usam fraldas de pano ou se ensinam seu filho de quatro semanas a usar o banheiro: ainda assim, as mulheres é que estão fazendo a maior parte dos cuidados à criança, não importa sob qual filosofia parental. Dar um nome bonito ao fato de que ainda estamos fazendo todo o maldito trabalho não o torna menos sexista ou injusto.

Uma das principais razões pelas quais as mulheres — especialmente as que foram mães recentemente — relatam serem infelizes no casamento é a divisão desigual do trabalho em casa, incluindo os cuidados aos filhos. Na verdade, mesmo casamentos nos quais os parceiros se descrevem como igualitários começam a ser mais "tradicionais" quando um bebê entra em cena. De repente, as responsabilidades compartilhadas dão lugar a presunção de que "a mãe sabe o que é melhor" — porque o argumento implícito na criação "natural" é que as mulheres devem abraçar esse retorno à maternidade instintiva. Nós somos as mães, afinal.

Quando as mulheres são tudo para seus filhos, os homens não só têm carta branca para não participar, como também fazem que elas sintam que, de alguma forma, são mães ruins se não conseguem dar conta sozinhas. Em uma cultura que sugere que seu bebê deve ficar grudado (literalmente) em você, não chega a surpreender que as mães se sintam sobrecarregadas.

Andie acredita, no entanto, que a desigualdade que acontece quando a criação natural reina suprema não significa necessariamente que a Criação com Apego e as filosofias similares devam ser descartadas de cara. Ela diz que a CA se encaixa com ideais feministas em muitos aspectos, especialmente porque "supostamente, é um estilo parental que permite que as mulheres desempenhem a criação dos filhos em sua vida cotidiana".

"Se os bebês são amamentados e carregados para todo lado e dormem na cama com você, então em tese eles são bem portáteis, e essa tem sido minha experiência. Você pode carregá-lo preso a seu corpo enquanto cuida de outros filhos, ou tem vida social, ou lê um periódico para o trabalho, ou passa a noite em algum lugar", diz ela.

O problema, afirma Andie, é que nossas instituições são "muito rígidas" para permitir esse tipo de incorporação da criação dos filhos a outros papéis de nossa vida. E nisso ela tem um argumento indiscutível. Criar e cuidar dos filhos é tão opressivo quanto nossa sociedade faz que seja — e se as empresas e os costumes da cultura americana não marginalizassem as mulheres e os cuidados maternais, talvez a desigualdade dos papéis tradicionais não fosse tão chocante.

TRÊS
O peito é melhor

> Para seu bebê, a amamentação no peito é o que ele naturalmente espera. Uma mãe apontou que é como se a mamadeira enchesse seu estômago, mas o peito enchesse sua alma.
>
> — *The Womanly Art of Breastfeeding, La Leche League*

QUANDO ROBIN MARTY pariu seu segundo filho, no Unity Hospital, em Fridley, Minnesota, colocou imediatamente um aviso no berço de seu filho: nada de alimentação artificial. Ela não queria que nenhuma enfermeira fã de mamadeira interrompesse o regime de amamentação de Sebastian enquanto estivesse no berçário. Robin também questionou se lhe ofereceria chupeta, para não criar confusão com o mamilo. Desse vez, disse a si mesma, ia fazer direito.

Robin, 32 anos, cresceu em Omaha, Nebraska, e conheceu seu marido, Steve, quando se mudou para Minneapolis. Para o horror de suas famílias católicas, "viveram em pecado", como colocou Robin, por cinco anos. Então, quando Steve a pediu em casamento, casaram-se apenas três semanas depois.

"Quando tinha vinte e poucos anos, não tinha certeza de que queria ter filhos. Por isso é engraçado, estou surpresa de ver a mãe grudenta que me tornei".

Robin teve sua primeira filha, Violet, em 2007. Passou dois dias (sim, dias) em trabalho de parto antes de fazer uma cesárea de emergência. Como resultado da cirurgia, tanto Robin quanto Violet desenvolveram infecções bacterianas graves — Violet ficou tão doente que teve que passar mais de uma semana na UTI neonatal. Robin havia planejado só amamentar no peito. "Todo mundo diz que você vai amamentar, e é o que você faz — é a coisa natural a fazer, e qualquer mulher pode amamentar", diz ela.

Mas as circunstâncias do nascimento de Violet pareciam tornar impossível esse objetivo. A infecção de Robin a deixava exausta o tempo todo, e tirar o leite com a bombinha era ainda mais difícil. E enquanto Robin descansava em seu quarto, as enfermeiras da UTI neonatal muitas vezes davam leite em pó a sua filha em vez de acordá-la. Quando Violet foi para casa, Robin tentou amamentar, mas tinha pouco leite.

"Senti que se não era capaz de amamentar, era por estar fazendo algo errado. E com Violet, tudo que poderia dar errado, deu". Robin não ia deixar o mesmo acontecer de novo com seu filho.

Então, quando engravidou pela segunda vez, decidiu que faria tudo que estivesse a seu alcance para amamentar exclusivamente no peito. "Coloquei o aviso no berço e fiquei a noite toda sentada com ele em meu peito, só sugando. Todo mundo dizia que eu estava fazendo muito bem". Durante os três dias que Robin esteve no hospital, as enfermeiras constantemente elogiavam seu apego a Sebastian e o longo tempo que passava amamentando — mais de noventa minutos a cada duas horas.

Quando Sebastian perdeu peso, Robin não se preocupou; sabia que bebês nascidos de cesárea muitas vezes perdem peso nos primeiros dias. Quando Robin deixou o hospital, o peso de seu filho caiu de 3,4 quilos para 3 quilos. Seu pediatra recomendou a suplementação com leite em pó, mas Robin se recusou; em vez disso, ela ligou para sua consultora de lactação, que a encorajou a continuar só a amamentar. Ela continuou, e Sebastian mamava vigorosamente.

Dois dias depois, em uma checagem em casa, Sebastian havia perdido mais sessenta gramas e seu intestino não funcionava havia quatro dias. Mas, mais uma vez, disseram a Robin para não se preocupar — enquanto estivesse molhando as fraldas, estava tudo bem. "Mas eu não sabia quanta fralda isso significava. Ele não parecia desidratado, e mamava o tempo todo", disse ela.

Uma semana depois, o peso de Sebastian havia caído para menos de 2,7 quilos. A descoloração nas fraldas que Robin achava normal para um recém-nascido acabou sendo cristais na urina — seu filho estava gravemente desidratado e em risco agudo. Sebastian estava morrendo de fome. "Eu achava que se ele estivesse sempre no peito, acabaria se alimentando o suficiente, porque todas as mulheres podem amamentar. Mas eu era uma das que não podiam".

Depois que Robin apressadamente começou a complementar a amamentação com mamadeira, Sebastian recuperou seu peso de nascença em uma semana. "Eu me sentia um fracasso total. Fiz tudo que podia", disse Robin. Ela havia feito tudo certo dessa vez, e mesmo assim não fora capaz de amamentar.

Hoje, Robin está grávida pela terceira vez — "Foi uma surpresa!" —, e não pretende amamentar. Para ela, a coisa vai além da lembrança das sessões desgastantes de bombeamento de leite com sua filha ou de Sebastian ter escapado por um triz. "Sei que meu corpo não pode amamentar. Não há nenhuma razão para eu tentar só para provar alguma coisa".

Quando Robin escreveu sobre sua experiência em uma comunidade de mães online, foi crucificada. Disseram-lhe que não havia sido a falta de leite que fizera seu filho passar fome, mas o fato de os médicos e a administração do hospital não terem lhe dado apoio ou conhecimento suficientemente sobre o aleitamento materno. Antes de falar com Robin, notei que no fim de seu post sobre Sebastian havia uma nota do editor:

> Aqui está uma resposta da escritora Robin Marty a perguntas que recebeu. "Não recebi compensação financeira para escrever este post [...] apesar de ter recebido as ofertas padrão da Similac, os cupons e leite em pó grátis que todas as mães têm a opção de escolher, não tive nenhum outro contato com a Similac ou com qualquer outra empresa de leite em pó ou de marketing".

Quando perguntei a Robin sobre essa nota, ela me disse que foi bombardeada com comentários e e-mails acusando-a de ser paga por empresas de leite em pó para escrever sobre sua experiência. "Entendo que é importante falar de aleitamento materno porque é bom para as crianças, mas temos que parar de ultrajar as mulheres com a culpa em relação à alimentação com leite em pó".

Mas, ainda assim, Robin diz que se sente em paz com a decisão de não amamentar seu terceiro filho. "O aleitamento materno é menos importante que o fato de seu filho estar feliz e alimentado".

Além disso, Robin aponta que pensava que a amamentação devia ser poderosa. Mas, agora, sente que a pressão para o aleitamento materno é uma forma de "amarrar a mulher à criança e à casa".

"Supostamente, o aleitamento materno é libertador — a mulher não tem que se preocupar com mamadeiras e ficar carregando leite em pó, mas há todas essas regras que a mantém em casa e completamente amarrada a seu bebê", disse Robin.

"Quase qualquer coisa pode sabotar a relação de aleitamento materno, dizem — dar chupeta ao bebê, complementar com mamadeira, fazê-lo dormir em quarto separado, sair de casa. É muita coisa, e, supostamente, não devíamos falar sobre isso".

E VAMOS BOMBEAR

Aquele sentimento avassalador de "isso é demais para mim" foi o que me levou a parar de amamentar também. Mas, verdade seja dita, nunca tomei a decisão consciente de parar de amamentar por completo — admitir que eu era um fracasso total nesse campo era muito difícil. Em vez disso, parei de tirar o leite com a bombinha, uma decisão que levou ao lento desmame de minha filha.

Como Robin, no início eu tinha a intenção de amamentar, a ideia de a mamadeira sequer tocar os lábios de Layla me deixava nauseada e ansiosa, como se o leite em pó fosse envená-la (Uma ideia que alguns defensores do aleitamento materno sugerem prontamente). Mas, por conta da prematuridade de Layla, eu não pude amamentá-la de cara — ela era muito pequena e seu sistema digestivo não estava completamente formado, e Layla não sabia sugar, engolir e respirar ao mesmo tempo. Eu teria que esperar até que ela estivesse quase pronta para sair do hospital. Então, em vez de amamentar, meu único "trabalho" durante os dois meses que Layla passou na UTI neonatal era bombear. E bombear. E bombear. Pelo menos oito vezes ao dia — de preferência dez —, quinze minutos em cada seio. Isso são cinco horas por dia.

Na época, pensava em minha bomba de leite com carinho (puxa, obrigada por todo esse leite!), e, ao mesmo tempo, odiava-a intensamente. Era um lembrete acerca do estado prematuro de minha filha, além de outra máquina que substituiria o vínculo "natural" que estávamos perdendo. E isso dói demais.

Mas, no geral, eu estava grata. Estava desesperada para fazer algo de concreto por Layla enquanto ela estava hospitalizada — ficar sentada olhando sua incubadora me fazia sentir impotente — e tirar leite com a bombinha durante cinco horas por dia era algo bem tangível. Mas uma vez que você enfrenta a dura realidade da bomba, não importa o quão bem isso vá fazer a seu filho. Bem, digamos apenas que não dá para aguentar ver seus mamilos sendo esticados ao serem sugados para dentro da bomba (E, graças ao sádico inventor da bomba de leite, ela é transparente, de modo que você vê cada centímetro da bala puxa-puxa em que seu ex-mamilo se transformou).

Minha bomba de leite, que veio em uma pequena bolsa de nylon estilosa que parecia a imitação de uma Kate Spade dos anos 1990, quando ligada fazia um som ritmado que lembrava *dance music* um pouco demais para o meu gosto. O som de casa noturna enquanto seus seios são torturados faz com que todo o ridículo da cena pareça ainda mais cruel. E apesar do creme lubrificante que eu passava depois de cada bombeamento, meus mamilos ainda sangravam e rachavam. Ficou tão ruim depois de algumas semanas que eu só chorava e gritava de dor enquanto tirava o leite. Mas, ainda assim, não parei — e cada vez que olhava para a gaveta de Layla no freezer da UTI neonatal, cheia até o topo com meu leite materno congelado, sentia que valia a pena. Claro, eu estava deprimida, dolorida e exausta o tempo todo, mas estava fazendo o certo por minha filha.

Então, algo milagroso — e devastador — aconteceu. O sistema digestivo de Layla subitamente começou a trabalhar a toda velocidade. No início, ela tomava apenas dois ou três mililitros de leite em uma hora de alimentação pelo tubo. Uma hora depois de alimentá-la, a enfermeira verificava quanto ela realmente havia digerido sugando seu conteúdo estomacal pelo mesmo tubo — o leite muitas vezes ficava ali, sem ser digerido. Depois de seis semanas, no entanto, ela estava digerindo vorazmente. O suficiente para que as vitaminas e nutrientes intravenosos fossem retirados, e ela se sustentasse somente com o leite materno. Em uma semana, minha gaveta do freezer começou a diminuir. Apesar das centenas de horas que passava bombeamento, descobrimos que meu suprimento de leite não era tão incrível quanto eu pensava. Logo eu estava indo e voltando ao hospital toda hora para me certificar de que havia leite suficiente. No primeiro dia que não houve meu leite para Layla, as enfermeiras usaram leite em pó, e eu chorei. Fiquei arrasada, envergonhada por não poder dar a minha filha a única coisa "natural" que eu podia fornecer enquanto ela estava ligada a tantos fios e tubos. Mas, ainda assim, continuei tentando. Dei-lhe o máximo de leite que pude e tentei não pensar no leite em pó.

Quando Layla foi para casa, a coisa não melhorou muito. Ela conseguia sugar o peito por curtos períodos, mas como estávamos tentando desesperadamente fazê-la ganhar peso, eu ainda bombeava para aumentar a produção e para que pudéssemos medir exatamente quanto de leite ela estava ingerindo.

Marquei um horário com uma consultora de lactação que uma amiga me recomendou. Ela era calorosa e compreensiva, mas meio hippie demais para o meu gosto — recusou-se a usar o desinfetante de mãos antes de tocar Layla, dizendo que era antiecológico. Fiquei meio horrorizada — desinfetante era como uma religião em minha casa —, mas pensei, tudo bem, preciso de alguém "natural" para me ajudar! Leigh Anne tinha muitas sugestões: minha bomba de leite não era poderosa o suficiente (?!), eu devia tomar suplementos de ervas, beber vitaminas de aveia várias vezes ao dia, e tentar fazer *power pumping* — tirar leite de hora em hora. Eu me sentia oprimida, mas feliz por ter algumas diretrizes. Quando mencionei que estava complementando com leite em pó, ela não ficou tão horrorizada como eu imaginava que uma consultora de lactação ficaria, mas gentilmente recomendou que usasse leite de doadoras — leite materno de outra mulher. Eu me recusei.

Em vez disso, eu me empenhei mais. Depois de uma noite particularmente difícil, quando gritei por quase meia hora sem parar enquanto bombeava o leite, meu marido sugeriu que eu desistisse. Eu estava tão obcecada em dar meu leite a Layla que não tinha outro vínculo nenhum com ela — estava muito ocupada com a bomba, e muito infeliz. Levei muito tempo para perceber que o que Layla necessitava, mais que leite materno, era uma mãe que não estivesse exausta e envergonhada.

Depois que parei totalmente de amamentar, lembrei que Betty Friedan havia escrito em *A mística feminina* sobre uma mãe que sofrera um colapso nervoso por não conseguir dar o peito. Fazia sentido. Nossa capacidade de amamentar é apresentada às mulheres americanas como a coisa mais básica e natural que uma mulher pode fazer por seu filho. Então, quando não dá certo — ou, que vergonha, quando simplesmente não queremos amamentar — somos acusadas de egoístas, ou de não nos esforçarmos o bastante. Essa é uma mensagem difícil de não interiorizar.

Devo admitir que eu via com desdém mães que optavam por não amamentar; não entendia por que pelo menos não tentavam. Afinal, todo o mundo diz que é a melhor coisa que podemos fazer por nossos bebês. Mas e se não for? E se toda a culpa e a vergonha e os mamilos sangrando são para algo que não é tão maravilhoso para nossos filhos como nos levam a acreditar?

A Dra. Joan Wolf, professora da universidade Texas A&M e autora de Is Breast Best? *Taking on the Breastfeeding Experts and the New High Stakes of Motherhood*, tem sido chamada de implacável, "maluca" e até de defensora do abuso infantil por fazer essa pergunta.

Wolf fala lenta e deliberadamente quando está discutindo seu trabalho. "Já fui chamada de todo tipo de coisas. Uma pessoa disse que meu argumento era o mesmo que negar o Holocausto", disse Wolf. Aparentemente, se quiser incorrer na ira das mães da América, basta sugerir que o aleitamento materno não é lá tudo isso.

É comumente aceito que o aleitamento materno é superior à alimentação com leite em pó. Desde os Institutos Nacionais de Saúde até a Academia Americana de Pediatria dizem que é a melhor opção para os bebês. Foi por isso que eu fiz meus mamilos sangrarem e por isso Robin quase matou seu filho de fome inadvertidamente — nós nunca questionamos a afirmação de que o leite materno é nutricionalmente melhor, ou que a amamentação poderia nos unir a nossos filhos, aumentar sua imunidade e até torná-los mais inteligentes.

Mas Wolf diz que a ciência não dá suporte ao dogma em torno do aleitamento materno. "Nunca duvidei que a amamentação traz incontáveis benefícios à saúde, de modo que fiquei realmente muito surpresa com o que encontrei na literatura médica", disse ela.

O que Wolf encontrou se resume a isto: enquanto milhares de estudos mostram que, em média, bebês amamentados no peito são mais saudáveis que os alimentados com leite em pó, nenhuma pesquisa mostrou que na verdade é o aleitamento materno que leva a uma saúde melhor. Mães que têm o tempo e o apoio para amamentar exclusivamente — lembra-se de minhas cinco horas diárias de bombeamento? — seriam provavelmente mais capazes de dar suporte à saúde de seus filhos de outras maneiras. Mulheres que têm empregos que lhes permitem desaparecer a cada duas horas para bombear o leite podem ter mais dinheiro e convênio médico melhor que mães que trabalham em lugares onde não há pausa, e muito menos uma sala onde bombear o leite. Mães que ficam em casa ou têm licença maternidade longa são igualmente privilegiadas. E quase todos os estudos que analisaram os benefícios do aleitamento materno não levaram em conta questões como essas.

O único benefício real que se provou ser resultado direto do aleitamento materno, disse Wolf, é que os bebês que são amamentados têm menos problemas gastrintestinais. Mas QI mais alto? Aumento da imunidade? Nem tanto.

Então por que tanta propaganda? Quase todas as associações médicas concordam que o aleitamento materno é melhor; Michelle Obama tem promovido a amamentação como parte de sua luta contra a obesidade infantil, e em 2011 Regina Benjamin, então chefe o serviço de saúde pública dos Estados Unidos, lançou a chamada "Ação de Apoio à Amamentação", com dicas para mães, profissionais da saúde e empresas sobre como facilitar a amamentação para as mães. Campanhas pró-aleitamento materno no estado de Nova York ainda tentam convencer as mães a amamentar divulgando como isso ajuda a perder peso.

Wolf vê o exagero acerca dos benefícios como parte de uma questão cultural mais ampla, algo que ela chama de "maternidade total" — a noção de que as mães devem ser especialistas em tudo que tenha a ver com seus filhos (de problemas de saúde a segurança do consumidor) —, que descreve como um "código moral segundo o qual as mães são exortados a otimizar todos os aspectos da vida das crianças, começando no útero". Essa obsessão total com os filhos em detrimento do próprio bem-estar emocional e psicológico — capturada perfeitamente em *Mãe que trabalham: a loucura perfeita*, de Judith Warner — vai muito além do seio. Começa com não comer sushi e queijos fedidos durante a gravidez, depois amamentar a todo custo, e quando as crianças crescem, certificar-se de que estejam constantemente "estimuladas". Uma tarefa interminável (Esse padrão impossível que obriga as mulheres a se consumir pela maternidade, colocando todas as suas necessidades "egoístas" de lado pelo bem do bebê, nunca leva em conta que o melhor para a mãe pode ser benéfico para o bebê).

Não surpreendentemente, a recepção do livro de Wolf e sua ideia de maternidade total foi na maior parte das vezes conflituosa. Quando ela apareceu no popular *talk show* de saúde *The Doctors*, por exemplo, Wolf foi jogada na fogueira pelo painel de médicos-celebridades bem arrumados.

No fim do bloco em que participou, depois que cada médico zombou da ideia de que o aleitamento materno não é o melhor, a Dra. Wendy Walsh disse: "Mães que amamentam são diferentes; mulheres que amamentam, na verdade, relacionam-se com seus filhos com mais empatia e compaixão" (E as que não amamentam não se relacionam emocionalmente com seus filhos?). A Dra. Walsh terminou a entrevista de Wolf dizendo: "Só quero lembrá-la de que quando uma mulher tem um bebê, ela está completa. Essa é sua felicidade. Dar a seu bebê é dar a si mesma". Maternidade Total, de fato.

A mensagem social é clara: se amamentar é o que as mães "compassivas" e "boas" fazem, então mulheres que não amamentam são ruins. Dificilmente são mães de verdade. E essa mensagem não provém apenas de programas de TV ou de campanhas governamentais — quando se trata de julgar as mulheres por não amamentar, as piores detratoras são as outras mães.

Não sei bem o que faz com que alguns defensores da amamentação sejam tão inflexíveis quanto a haver só uma maneira correta de alimentar um bebê. Uma coisa é acreditar que o aleitamento materno é a melhor opção e isso é consenso entre pais. Outra bem diferente é dizer às mães que não amamentam que elas são, de alguma forma, inferiores.

Nunca vou esquecer uma das primeiras vezes que saí com Layla sozinha (eu estava nervosa, preocupada em expô-la ao mundo infestado de germes). Eu estava em um café a alguns quarteirões de casa, tomando um *espresso* e me sentindo muito bem com a reação de minha filha. Depois de alguns minutos, Layla começou a ficar agitada, então dei-lhe uma mamadeira. Outra mãe, sentada algumas mesas longe de mim com seu filho, disse: "Na verdade o peito é melhor. Se precisar de ajuda para amamentar, avise-me". Eu fiquei chocada. Por alguma razão, essa pessoa, essa estranha, achou completamente adequado comentar sobre a maneira como eu alimentava minha filha — talvez ela não entendesse bem a situação, talvez sentisse algum tipo de relação excessivamente familiar entre nós porque ambas éramos mães. Ou talvez ela fosse só uma imbecil. De qualquer forma, fiquei horrorizada e envergonhada (A raiva viria mais tarde).

E eu certamente não sou a única. Dezenas de mães com quem falei têm histórias semelhantes. Por um lado, há a constante participação das sogras, que tentam ser "úteis", sugerindo diferentes formas de amamentar, mesmo depois de saber que sua nora escolheu usar leite em pó. Para Sara, 33 anos, que foi medicada após receber o diagnostico de depressão pós-parto severa, foi um grupo de mães do bairro, que não entendia por que ela não podia simplesmente abrir mão dos antidepressivos.

Isso não quer dizer que as mães que amamentam não sejam alvo de perseguição. Mães por todos os Estados Unidos organizam "mamaços" quando lojas de departamentos ou restaurantes expulsam mulheres que amamentavam no local. Em Kansas, as mães chegam a portar um cartão plastificado, que podem sacar para provar seu direito legal de amamentar em espaços públicos.

Mas há algo em relação a mães que não amamentam que faz nosso senso crítico se arrepiar. Por exemplo, ao pesquisar para este livro, citei um artigo em meu blog sobre um hospital no Reino Unido que não ia mais fornecer leite em pó de graça para as mães. Eu discordava da decisão. Graças ao que se seguiu, aprendi bastante sobre a política online para cuidados maternais e blogs pró-amamentação.

Em poucos minutos, uma blogueira chamada FeministBreeder começou a me mandar mensagens. Em sua descrição no Twitter, ela se apresenta como uma "roqueira que virou mãe natural" (morro de vontade de saber que tipo de mãe não é "natural"). Ela sugeriu que minha citação era "prejudicial à saúde das mulheres", que eu não havia pesquisado sobre o assunto e que eu fazia "marketing da indústria de leite em pó", que se aproveita de mulheres "vulneráveis". Uma mulher comparou a alimentação com leite em pó a fumar, ao passo que outra escreveu que dar a seu filho leite em pó era como lhe dar comida do McDonalds. Uma atriz, Somali Rose, escreveu que as mulheres que não amamentam só estão preocupadas com a flacidez de seus seios e negam sua finalidade natural na vida: "Por que ser feminista tem que significar negar aquilo que seu corpo foi projetado para fazer? Eu não me importo se meus seios caírem por amamentar".

Mas a mensagem mais contundente veio de Laura Castle, de Las Vegas, que escreveu: "Amamentar tem sido a coisa mais desafiadora, e às vezes mais extenuante, que já fiz na vida! Ainda assim, escolhi ser mãe. Escolhi fazer esse sacrifício. Qualquer coisa menos que isso não é uma opção. Ser mãe é se sacrificar, e se você não está disposta a fazer sacrifícios pela saúde e o bem-estar de seu filho, talvez devesse pensar duas vezes antes de ser mãe".

Então, se você não quiser amamentar — se não estiver preparada para se "sacrificar" — simplesmente não deve ter filhos.

Você está deprimida e exausta? Vamos lá, só precisa se sacrificar um pouco mais! Você tem intermináveis infecções nos seios? Use uma bomba de sucção e vá para um encontro de defensoras da amamentação! (Ah, você tem que trabalhar? Que pena). Seu bebê é prematuro e o estresse da UTI neonatal a deixou quase sem leite? Basta tomar uns complementos, beber uma vitamina de aveia e bombear os seios durante cinco horas por dia! Você não trabalha em um lugar que tem uma sala reservada ou geladeira? Bem, o que é mais importante: seu emprego ou a alimentação de seu filho? (Alguém realmente me disse isso uma vez). Você não tem tempo ou energia física e mental para fazer isso? Desculpe, mas esse é o caminho natural — melhor você pular da janela do que dar leite em pó a seu bebê.

Obviamente, eu apoio o aleitamento materno. Precisamos de licença maternidade remunerada, convênios que paguem consultores de lactação e bombas de mama, que as empresas sejam obrigadas a ter um espaço e pausas para a retirada do leite materno, fundos — hospitalares e estatais — para grupos de apoio à amamentação e muito mais. Mas alimentar seu filho com leite em pó é uma escolha tão válida e saudável quanto a amamentação — e, às vezes, como em meu caso e no de Robin, a melhor opção que há.

QUATRO
Os filhos precisam de seus pais

> Interiorizamos tão profundamente a noção de individualismo que acreditamos que somos as únicas responsáveis pela saúde e bem-estar de nossos filhos. E acreditamos que isso, em vez de ser um sinal de arrogância ou de desespero, é uma coisa totalmente normal e natural. Isso nos leva a exercer uma pressão terrível sobre nós mesmas — e a deixar nossa sociedade se safar quase inteiramente da responsabilidade pelas crianças e as famílias.
>
> — Judith Warner

EM 2011, o *New York Times*[1] relatou algumas informações estranhas sobre o censo americano em seu relatório periódico chamado: "Quem está cuidando das crianças?"[2]. Acontece que, com o propósito de sintetizar as estatísticas para esse relatório em particular, o censo assume que a mãe é a "responsável designada", o que significa que, afora a mãe, qualquer pessoa que cuida da criança entrava na categoria "cuidador" — inclusive o pai.

Em 2010, homens cuidavam de seus filhos em 32% das vezes. Mas, para o governo, esse trabalho não conta como obrigação paterna, e sim como trabalho de cuidador. A mensagem não poderia ser mais clara: mãe é mãe; pai é babá.

Lynda Laughlin, da divisão de Estatísticas sobre Fecundidade e Família do Escritório do Censo, disse a K.J. Dell'Antonia — blogueira do *New York Times* que divulgou a história — que "independente do quanto as famílias mudaram ao longo dos últimos cinquenta anos, as mulheres ainda são as principais responsáveis pelo trabalho na casa [...]. Tentamos ver o cuidador como mais uma forma de ajuda no trabalho". Quando Dell'Antonia perguntou a Laughlin se o censo coletava estatísticas sobre a quantidade de tempo que as mulheres gastam para "ajudar no trabalho" de seus maridos, ela respondeu: "Nós não coletamos esses dados".

Cinquenta anos de progresso feminista depois, ainda se espera que a mulher seja a responsável padrão.

Então não é de se espantar que décadas após a segunda onda do feminismo, a discussão sobre a melhor forma de cuidar dos filhos ainda recaia quase inteiramente sobre os ombros das mulheres. Os homens não são simplesmente dispensados da conversa, são ativamente excluídos por uma cultura e uma política que ainda promovem a ideia de que o único cuidador adequado e natural é a mãe.

Mesmo na eterna batalha entre mães que trabalham fora e as que ficam em casa, o sistema de valores subjacente é aquele que aceita que ter ajuda profissional para criar nossos filhos — seja uma creche ou uma babá permanente — é um mal necessário, algo que as mulheres fazem porque não há melhor opção disponível. Afinal, mesmo as mães que trabalham gostariam de passar mais tempo com seus filhos — é por isso que lutam por horários flexíveis e licença maternidade melhor e remunerada. Os americanos acreditam que a melhor opção para as crianças é o cuidado dos pais, ponto. Os dias de "isso é trabalho para um batalhão" se foram — porque, mesmo que cuidar de nossos filhos requeira a ajuda de outras pessoas, os pais tendem a se sentir mal com isso, em vez de ver como natural a criação de uma criança como parte de um trabalho em comunidade.

Os americanos acreditam que é melhor para as crianças ficar com seus pais o máximo de tempo possível. A verdade, no entanto, o melhor para elas é quando muitas pessoas se dedicam a seu crescimento e desenvolvimento — e não apenas seus pais, não somente sua mãe.

Deborah Lowe Vandell, professora e presidente do Departamento de Educação da Universidade da Califórnia, em Irvine, acompanhou mais de 1.300 crianças, analisadas desde que tinham um mês de idade até a adolescência. O estudo mediu o tipo de creche, a qualidade do atendimento e o número de horas de cuidados às crianças. Vandell e seus colegas descobriram que mais de 40% das crianças receberam cuidados de alta qualidade, e que 90% delas passaram algum tempo sob os cuidados de outra pessoa que não os pais antes dos quatro anos de idade. Os resultados do estudo de longa duração de Vandell, publicados em 2010 pelo National Institute of Health, mostrou que crianças que foram a creches de alta qualidade pontuaram mais em testes acadêmicos e cognitivos quando adolescentes que crianças que não frequentaram creches. Também eram menos propensas a terem problemas comportamentais que as crianças que frequentaram creches de menor qualidade.

A chave, claro, é ter creches de *alta qualidade*. Em 2005, Deborah Phillips, professora de psicologia da Universidade de Georgetown, estudou alunos de Tulsa, Oklahoma, para pesquisar o impacto da pré-escola nas crianças. Professores de pré-escola em Oklahoma devem ter pelo menos bacharelado; as turmas são limitadas a dez alunos por professor, e os cuidadores são pagos segundo a mesma tabela dos professores de escolas públicas de todo o estado. O estudo de Phillips observou dois grupos de crianças da mesma idade — um composto por crianças que haviam frequentado a pré-escola e um grupo que não. Em três diferentes testes cognitivos — soletrar, identificar palavras e solucionar problemas —, as crianças que haviam frequentado a pré-escola se saíram substancialmente melhor que as que não haviam. Essas diferenças cognitivas se mantiveram em todas as etnias e situação socioeconômica.

FAÇA PELO PAÍS

Apesar da pesquisa, culturalmente os americanos ainda não veem a creche como a melhor das opções. A noção de que os pais — as mulheres, em particular — devem ser responsáveis pelo desenvolvimento e cuidados de seus filhos começou por volta da época da Revolução Americana. As mulheres foram encorajadas a defenderem os ideais de patriotismo incutindo valores republicanos em seus filhos. Era como esperava-se que as mulheres ajudassem a nação; era parte de seu dever cívico. A "maternidade republicana" representou a primeira vez na história americana que a esfera doméstica foi vista não como algo separado da esfera pública, mas como tendo valor e importância para a nação. Esse ideal de maternidade não dizia apenas que as mulheres precisavam cuidar de seus filhos, mas também que deviam ensinar-lhes e transmitir-lhes os valores americanos. Tornou o papel de mãe muito mais importante e deu às mulheres americanas uma boa razão para estudar — para o bem da criação de seus filhos.

Linda Kerber, professora de história das mulheres americanas na Universidade de Iowa, escreveu que a mãe republicana "foi um dispositivo que tentou integrar domesticidade e política"[3]. Ela prossegue:

> A vida da mãe republicana era dedicada ao serviço da virtude cívica; ela educava seus filhos para isso; criticava e corrigia falhas de seu marido na tarefa [...]. A criação de cidadãos virtuosos dependia da presença de esposas e mães bem informadas, "devidamente metódicas" e livres de "paixões invejosas e rancorosas". Como um orador do Columbia College discursou em 1795, "a liberdade nunca é certa enquanto a Virtude não reina triunfante. [...] Enquanto vocês [mulheres] mantiverem nosso país virtuoso, manterão sua independência". A virtude de uma mulher parecia exigir outro palco onde se exibir. Com essa finalidade, teóricos criaram uma mãe que tinha um propósito político, e argumentaram que *seu comportamento doméstico tinha uma função política direta na república.*

O comportamento das mulheres na esfera privada teve um impacto direto sobre a nação e sua política, pois quando as mulheres ganharam mais poder na esfera pública, este veio acompanhado da mudança no caminho pensado para a maternidade.

Hoje, podemos relacionar essa desconfiança ou incerteza em relação aos cuidados dos filhos a um medo intenso da sociedade que surgiu quando as mulheres americanas entraram em massa no mercado de trabalho (Claro, sempre houve mães que trabalhavam, mas só quando as mães brancas de classe média e alta passaram a procurar emprego foi que o público do país se preocupou). Essa mudança foi particularmente dramática para as mulheres casadas com filhos — em 1950, apenas 12% trabalhavam. Em 1980, esse número era de 45%, e em 2002, 61%. E, de acordo com o governo,[4] o número de mulheres no mercado de trabalho duplicou ao longo dos últimos cinquenta anos. Hoje, mais de 58% da força de trabalho — aqueles que estão trabalhando ou procurando emprego — são mulheres.

Esse afluxo de mulheres ao trabalho se deveu, em grande parte, aos esforços feministas — do Ato de Equiparação Salarial, de 1963, que tornou ilegal a discriminação salarial, à decisão de 1968 da Comissão de Oportunidades Igualitárias de Emprego (EEOC) de que anúncios de emprego com discriminação de gênero eram ilegais. Nem todos, no entanto, ficaram satisfeitos com o progresso das mulheres na esfera pública — especialmente porque isso significava menos mulheres em casa para cuidar dos filhos.

FAÇA PELAS CRIANÇAS

Susan Faludi, em seu livro inovador *Backlash: O contra-ataque na guerra não declarada contra as mulheres*, citou um oficial militar superior da década de 1980 que disse: "As mães americanas, que trabalham e mandam seus filhos para creches sem rosto em vez de ficar em casa para cuidar deles, estão enfraquecendo a fibra moral da nação". Parece que a maternidade republicana ainda persistia.

Faludi notou que a posição da mídia não deixava muito a dever à política.

Em 1984, a *Newsweek* fez uma alerta sobre uma "epidemia" de abuso de crianças em creches com base em acusações contra diretores de algumas entidades — o acusado no caso mais alardeado foi mais tarde inocentado pelos tribunais. Por via das dúvidas, caso a ameaça tivesse passado despercebida pelas mulheres, duas semanas depois a *Newsweek* mais uma vez mostrou suas garras perguntando na matéria da capa: "Creche, a que preço?". A foto da capa apresentava uma criança assustada, de olhos arregalados, chupando o dedo. A título de edificante contraste, dentro, a matéria de oito páginas apresentava uma boa mãe — sob o título "Em casa por opção".

Estatísticas e relatórios assustadores — apesar de sua modesta veracidade ou da forma como são deliberadamente mal interpretados pela mídia — abundavam, alegando que a creche poderia prejudicar irremediavelmente nossas crianças, que perderiam o tão importante vínculo mãe-filho, ficariam mais doentes que filhos de mães que ficavam em casa, e seriam mais deprimidas e emocionalmente afetadas. Por exemplo, um relatório controverso de 1988 chamado "Os 'efeitos' das creches infantis reconsiderados", do psicólogo do desenvolvimento Jay Belsky,[5] à época na Universidade da Pensilvânia, pretendia mostrar que as crianças que recebiam mais de vinte horas semanais de "cuidados não maternais" correm risco de enfrentarem problemas psicológicos e comportamentais. Cuidados não maternais foram definidos exatamente assim: qualquer cuidado, seja de babá, do pai ou da creche. Belsky escreveu que as crianças que haviam sido privadas de todo esse cuidado materno teriam um "apego inseguro", o que poderia levar a uma "agressividade exacerbada, não conformidade, e deslocamento na pré-escola e primeiros anos escolares". Em seu relatório, Belsky acrescentou advertências e qualificações contra reações emocionais exageradas às creches. Apesar de ultrapassado, seu trabalho ainda é citado pela mídia e por comentaristas conservadores país afora, que teimavam em usá-lo para provar que o único tipo apropriado de criação de filhos era aquele em que a mãe ficava em casa.

Publicado originalmente em 2001, *Backlash* narra o pânico maciço evidente em manchetes como: "Mamãe, não me deixe aqui!"; "Creche pode ser perigo para a saúde de seu filho", e "Quando o cuidado com crianças se torna abuso infantil". Essa confusão e histeria nacionais guiadas pela mídia em torno dos cuidadores de crianças levaram dezenas de funcionários de creches a serem acusados de tipos terríveis de abuso infantil — desde abuso sexual até rituais satânicos.

Um dos casos de maior repercussão foi o da pré-escola McMartin, em Manhattan Beach, Califórnia. Em 1984, Ray Buckey, sua irmã Peggy Ann, mãe Peggy, e avó Virginia McMartin, juntamente com três professores, foram presos por abusar sexualmente de crianças após Buckey ser acusado de molestar um menino de dois anos de idade. Inicialmente, Buckey foi solto por falta de provas, mas depois que a polícia escreveu cartas de notificação aos pais, as crianças começaram a se manifestar ao serem inquiridas (de maneira dirigida) por seus pais e terapeutas. Elas descreveram rituais satânicos, animais mutilados e túneis subterrâneos debaixo da escola. Nenhuma evidência foi encontrada. O julgamento criminal de Buckey e sua mãe, em 1987, seria o mais longo e mais caro da história americana. Peggy foi absolvida, e as acusações contra Buckey finalmente foram derrubadas, não sem antes terem passado anos na prisão (Fitas de vídeo de entrevistas com as crianças fazendo suas alegações mostraram que os entrevistadores eram sugestivos e guiavam as respostas, e o julgamento de McMartin, junto com outros casos semelhantes, são agora conhecidos como parte de um pânico moral em escala nacional que relacionava creches ao abuso infantil).

Em um artigo de 2001 para o *The New York Times*, Margaret Talbot escreveu:[6]

> Nossa disposição em acreditar no abuso ritual estava fundamentada na ansiedade por colocar as crianças na creche no momento em que as mães estavam entrando no mercado de trabalho em números sem precedentes. Era como se houvesse algum alívio obscuro e autodestrutivo em trocar as insignificantes dúvidas cotidianas sobre a criação de nossos filhos por nossos piores medos — por uma história de monstros, e não somente de seres humanos que nem sempre tratam nossos filhos exatamente como nós trataríamos; por um destino tão horrível e bizarro que nenhum pai ou mãe, não importa quão vigilante fosse, jamais poderia evitar.
>
> Hoje, nosso pânico em relação a creches se transformou em outra coisa. Em vez de um medo avassalador de estarmos fazendo a coisa errada, canalizamos nossa ansiedade para justificativas excessivas de que estamos fazendo a coisa absolutamente certa. Mães de classe média alta discutem no UrbanBaby.com se a mãe dona de casa faz o melhor por seus filhos, mais que mães que trabalham; ou se babás são muito superiores nos cuidados infantis. Passaram da preocupação com satanistas trabalhando em creches a fazer lobby junto aos amigos para que ajudem seus filhos a entrar em pré-escolas exclusivas. Mas a culpa continua ali — assim como a expectativa sexista de que isso é algo com o qual só as mães devem se preocupar. E ao passo que a corrente principal da mídia melhorou um pouco (mas não substancialmente) na desconstrução do pânico moral e dos estudos baseados no medo dos pais quanto aos cuidados de seus filhos por terceiros, ainda existem muitas pessoas que parecem viver para atiçar o fogo da controvérsia parental e fazer que as mulheres questionem suas decisões de vida e profissionais.

FAÇA POR SI MESMA

Em 2006, em seu livro *To Hell with All That: Loving and Loathing Our Inner Housewife*, a controversa escritora Caitlin Flanagan argumentou que as mulheres que trabalhavam fora e não eram "mães que ficam em casa" foram perdendo as alegrias de criar os filhos. Ela escreve:

> O tipo de relação formada entre uma criança e uma mãe que está em casa o dia todo cuidando dela é substancialmente diferente do formado entre uma criança e uma mulher que fica fora muitas horas por semana. A primeira relação é mais íntima, mais privada, mais cheia de momentos de frustração materna — e até de desespero —, e com mais momentos de transcendência que só podem ser alcançados com a criação de um filho pequeno.

Quando Flanagan não sugere implicitamente que ficar em casa para criar os filhos é o melhor, fica nos marretando explicitamente com o conceito. Em um artigo de 2004 para a revista *The Atlantic* "Como a servidão resgatou o movimento feminino", Flanagan[7] diz a seus leitores que, se tiverem babá, é melhor estarem preparados para perder o amor de seus filhos.

> Enganar a si mesmo pensando que a pessoa que presta cuidados físicos diários a uma criança não é a que ela vai amar de uma forma singular e primordial — uma forma obviamente concebida pela própria natureza para apegar a criança à mãe e vice-versa — é ignorar uma das verdades mais fundamentais da infância. Assim como as mulheres, muitas vezes apesar de seus fervorosos desejos em contrário, tendem a se apaixonar pelos homens com quem

dormem, as crianças pequenas desenvolvem uma paixão imediata e intensa pela pessoa que a alimenta, balança e banha todos os dias. Está na natureza do modo como ela experimenta o amor.

Flanagan conseguiu — e ainda consegue — aproveitar a ansiedade parental que muitas mulheres sentem e pôr o dedo na ferida. Talvez a razão pela qual ela seja tão adepta a isso seja que sua própria ansiedade e ambivalência — e muitas vezes hipocrisia — fervilham logo abaixo de sua pele.

Em um perfil da escritora na revista *Elle*[8], a entrevistadora Laurie Abraham descreve Flanagan como um aglomerado de contradições: ela reclama de festas de aniversário extravagantes para crianças, mas faz grandes saraus para ela própria; alerta que as babás podem roubar o amor de nossos filhos, mas ela tem uma. "Não invejo os luxos de Flanagan, mas ela está muito oprimida por eles", escreveu Abraham.

Também não se perdeu nas numerosas e vociferantes críticas a Flanagan porque a autora — apesar de se posicionar como uma "mãe em casa" — tinha uma babá em tempo integral, governantas e até uma organizadora pessoal que trabalhavam para ela. Os críticos imaginavam que momentos de "transcendência" provavelmente são muito mais fáceis de encontrar quando se tem uma carreira gratificante como uma escritora bem conhecida e funcionários para ajudar com as minúcias da criação dos filhos.

Joan Walsh, no Salon.com, escreveu em um comentário mordaz: "Todo o mundo sabe que Caitlin Flanagan não é uma mãe que fica em casa; ela é uma escritora realizada que interpreta uma mãe que fica em casa em revistas e na TV [...]. Tinha uma babá em tempo integral quando seus filhos gêmeos eram pequenos e estava tentando ser romancista. Então, ela escreveu sobre a feminilidade moderna e vida familiar para a *Atlantic Monthly* depois de eles entrarem na pré-escola. Agora, com seus meninos na escola, ela tem um grande quadro no *New Yorker*. Então, como dizer que ela não é uma mulher de carreira que também é mãe?".

Claro que Flanagan não é a primeira "mãe profissional que fica em casa". A antifeminista, escritora e ativista Phyllis Schlafly, que tem seis filhos, está no circuito de mídia e palestras há décadas argumentando que o lugar da mulher é em casa com seus filhos (A menos que você seja ela, ao que parece). E em uma instigante coluna do *New York Times*, de 2006[9], Terry Martin Hekker contou que escrever uma coluna para o jornal em 1981, exaltando as virtudes de ser uma dona de casa, transformou-a em uma carreira de escritora e palestrante, só para ser abandonada em seu quadragésimo aniversário de casamento.

> Eu, embora brevemente, tornei-me uma autoridade em tarefas domésticas como uma opção viável para as mulheres [...]. Dava palestras sobre as recompensas de ser dona de casa. Falava para um público maravilhado sobre a importância de estar disponível para seus filhos conforme crescessem, das satisfações de formar um lar, de preparar a comida da família e de apoiar o marido trabalhador.

Depois que seu marido pediu o divórcio, ela escreveu: "Ele vai levar a namorada para Cancún, enquanto eu tenho que vender meu anel de noivado para pagar o marceneiro". Quando Hekker apresentou sua primeira declaração de imposto de renda não conjunta, percebeu que era habilitada a receber auxílio alimentação.

A história de Hekker chega a um ponto fundamental no debate sobre a criação dos filhos, que precisamos revisitar: ajuda profissional na criação dos filhos talvez não seja boa apenas para o bem-estar das crianças; talvez seja parte integral da autossuficiência das mulheres. Não poderemos cuidar de nossos filhos muito bem se em algum momento da vida não tivermos habilidade nem para cuidar de nós mesmas.

Hekker diz que "para uma mãe divorciada, a dura realidade é que o trabalho pelo qual você é paga é o único que vai manter seu pescoço fora d'água". É a confrontação da realidade dos fatos em uma conversa que muitas vezes se atola nos privilégios das classes média e alta.

OS HOMENS PODEM TER TUDO?

Pela primeira vez na história americana, os homens querem passar mais tempo com sua família e menos tempo no trabalho. Pais estão desesperados por soluções mais flexíveis para *seu* equilíbrio entre trabalho e vida — mas, o que acontece quando conseguem?

De acordo com um relatório de 2011 do Instituto da Família e Trabalho[10], homens estão experimentando mais conflitos de trabalho/vida que nunca. Ao longo dos últimos trinta anos, o nível de conflito das mulheres entre a carreira e a criação dos filhos não sofreu alteração significativa, mas o dos homens aumentou substancialmente. Em 1977, 34% dos homens relataram conflito trabalho/vida — em 2008, esse número saltou para 49%. Pais que trabalham, casados com mulheres que também trabalham, foram mais propensos a relatar insatisfação com o equilíbrio trabalho/vida; 60% relataram sentir o conflito. Em 1977, eram apenas 35%.

O estudo também relatou que os homens "estão assumindo mais responsabilidade geral na criação dos filhos", de acordo com suas parceiras (Neste caso, "assumir responsabilidade" significava cuidar dos próprios filhos e administrar outros aspectos do cuidado infantil).

Entre os casais entrevistados em 2008, os homens que disseram que suas parceiras assumiam a maior responsabilidade pelas crianças já não eram maioria — 58% em 1992, mas apenas 46% em 2008. Da mesma forma, 49% dos homens disseram que assumiam uma parcela igual dos cuidados à criança — contra 41% em 1992. Agora, o que os homens acham que fazem e o que suas esposas acham que eles deveriam fazer é, historicamente, muito diferente. Mas nesse relatório as mulheres entrevistadas concordaram que seus parceiros estavam assumindo mais responsabilidades com as crianças. Em 1992, 73% das mulheres disseram que assumiam a maior parte da assistência à criança, e em 2008 esse número caiu para 66%. Também em 2008, 30% das mulheres disseram que seu cônjuge compartilhava afazeres na criação dos filhos, mais que os 21% em 1992.

Os homens também têm aumentado a quantidade de tempo que passam com seus filhos em duas a três horas. O tempo que as mães que trabalham passam com seus filhos vem se mantendo o mesmo: cerca de 3,8 horas por dia.

Outro relatório de 2011, "The New Dad: Caring, Committed and Conflicted"[11], do Boston College, pesquisou quase mil pais, com empregos em tempo integral em quatro empresas diferentes listadas na *Fortune 500*, sobre trabalho/conflitos de vida e equilíbrio. O relatório constatou que 77% dos pais deseja passar mais tempo com seus filhos, e que a maioria identificou sua vida em casa como uma grande parte da sua identidade; dois terços concordaram com a afirmação: "Para mim, meu trabalho é só uma pequena parte de quem sou". Os pesquisadores também descobriram que mais de 75% dos pais relataram o uso de horário flexível formal ou informalmente, que mais da metade trabalhava em casa, pelo menos por algum tempo, e que

27% condensavam o total de horas de trabalho semanais em menos dias úteis. Os pais que tinham horário flexível eram mais propensos a gostar de seus empregos que aqueles que não tinham.

Não há dúvida de que os papéis dos pais mudaram significativamente ao longo das últimas décadas. Eles são mais propensos a passar mais tempo com seus filhos, a esperar divisões mais justas (mas ainda não igualitárias) do trabalho doméstico, a buscar políticas de trabalho mais flexíveis e favoráveis à família. No entanto, ainda existem obstáculos significativos — particularmente em termos de posturas sexistas sobre o que constitui cuidado dos filhos, tempo para a família e tempo livre.

Steven Rhoads[12], da Universidade da Virgínia, e seu filho, Christopher Rhoads, observaram quase duas centenas de professores com carreira estável, casados, com filhos menores de dois anos de idade, e encontraram algo interessante sobre a maneira como a licença parental era usada.

Sessenta e nove por cento das mulheres entrevistadas tiveram licença maternidade após o nascimento, mas apenas 12% dos homens tiveram (apesar de que, no caso deles, ser remunerada). Isso não é particularmente incomum — ainda há um grande estigma acerca de homens que tiram licença para cuidar dos deveres parentais; muitos homens não fazem isso, ou não lutam por licença paternidade. Mas há um ponto interessante: encontrou-se que os homens que tiraram licença paternidade executavam substancialmente menos deveres parentais que suas parceiras. Na verdade, o relatório mostrou que os professores do sexo masculino usaram sua licença para realizar pesquisas e publicar trabalhos, um ato, dizem os pesquisadores, que "coloca suas colegas do sexo feminino em desvantagem". Uma mulher disse no relatório: "Se mulheres e homens têm licença parental, e a mulher se recupera, amamenta e fornece os cuidados primários, enquanto os homens fazem alguma coisinha e concluem artigos, temos um problema".

Rhoads também observou que "a maioria dos acadêmicos em nosso estudo disse acreditar que maridos e esposas devem dividir tarefas igualitariamente, mas quase nenhum deles fazia isso". Assim, embora a mudança de atitude seja um passo na direção certa, é preciso que haja um revezamento mais fundamental e tangível nos cuidados do dia a dia.

Da mesma forma, enquanto houve uma grande atenção da mídia aos "homens que ficam em casa", eles ainda representam anomalias estatísticas. Existem apenas 165 mil homens nos Estados Unidos que ficam em casa para cuidar dos filhos, em comparação com 5,6 milhões de mulheres que fazem o mesmo.

Mais frequente que pais que ficam em casa — mas muito menos relatado — são pais solteiros. Em 2010, havia 1,8 milhão de pais solteiros nos Estados Unidos — cerca de 15% das famílias monoparentais. Nove por cento dos homens criavam três ou mais filhos mantendo um emprego de tempo integral. Mas homens que fazem jornada dupla trabalhando fora e cuidando de casa não são tão interessantes como seus homólogos que ficam em casa.

Infelizmente, a verdade sobre a paternidade ainda é desconhecida por conta do modo como o papel do pai é denigrido, não apenas cultural, mas politicamente também — seu trabalho na criação dos filhos é classificado pelo senso como equivalente ao de uma babá, e as políticas de trabalho frequentemente excluem os homens da licença parental. Quando os homens têm a oportunidade de assumir mais responsabilidades nos cuidados dos filhos, muitas vezes as evitam. Por isso é necessário garantir que o estigma cultural contra o envolvimento paterno igualitário acabe, e que os homens aprendam desde cedo que são tão capazes quanto as mulheres de cuidar dos filhos.

Os pesquisadores do Boston College recomendam que os homens tenham mais tempo — por meio de licença paternidade substancial e utilizada no cuidado dos filhos — para desenvolver suas competências parentais. Quando os homens são deixados de fora dos cuidados infantis iniciais, são mais propensos a sentir que não foram talhados para tais funções. É hora de implementar políticas que apoiem uma mudança de atitudes em relação a gênero e cuidados da criança.

A VERDADE SOBRE CUIDAR DOS FILHOS

Para a maioria das mulheres americanas, a discussão sobre a possibilidade de ser uma mãe que fica em casa ou que trabalha é inútil — é uma discussão sobre uma "escolha" que poucas mulheres têm. A maioria das mães e pais americanos trabalha porque precisa — o privilégio de poucos de não precisar de uma renda não pode ser exagerado. Não é nenhuma surpresa, então, que a maioria das crianças com mães que trabalham seja cuidada por outra pessoa. De acordo com o censo[13], 24% das crianças até três anos de idade vão à creche, enquanto 19,4% são cuidadas pelos avós, e 18,6% são cuidadas pelo pai. Dos 3 aos 6 anos de idade, cerca de metade frequentará algum tipo de creche ou escola.

Os custos desses cuidados variam, mas as estatísticas mostram que quanto mais pobre for uma família, provavelmente mais dinheiro gastará com os cuidados infantis. O Departamento de Saúde e Serviços Humanos recomenda que os pais não gastem mais de 10% de sua renda com creches e babás. Mas, de acordo com o censo, em famílias com mães que trabalham e têm rendimentos abaixo da linha de pobreza, o cuidado das crianças representa um terço dos gastos domésticos.

Para algumas mães, se tornou mais compensatório financeiramente tirar os filhos da creche, largar o emprego e usar a assistência pública. O *New York Times* informou, em maio de 2010[14], que por conta de cortes nos subsídios a creches públicas, algumas mães estão escolhendo recorrer ao seguro desemprego em vez de trabalhar só para poder pagar os altos custos de creches particulares.

E um estudo feito em 2010 pela Associação Nacional de Recursos para o Cuidado Infantil e Agências de Encaminhamento[15] descobriu que o custo com creches e escolinhas em quarenta estados é mais caro que mensalidades da faculdade. Isso era particularmente preciso para crianças de até 3 anos — em Washington D.C., Nova York e Wyoming, os custos para manter um bebê na creche eram, na verdade, mais que o dobro da taxa de um ano de uma universidade pública (nos Estados Unidos, mesmo universidades públicas cobram taxas de matrícula e anuidade). A organização também informou que durante a última década, o custo dos cuidados à criança no país aumentou duas vezes mais rápido que a renda média familiar. Para algumas famílias, os custos mensais com os cuidados das crianças superava o do aluguel ou da hipoteca.

A consequência de acreditar que as mães, e apenas elas, devem cuidar de seus filhos — que é nosso dever, para o bem das crianças e da sociedade — é que não temos um sistema nacional de cuidados infantis que funcione. Por que se preocupar, se as mães já são o cuidador natural? A despeito de toda nossa retórica sobre respeitar as mães e sobre a criação dos filhos, os Estados Unidos são o único país industrializado sem licença maternidade remunerada, colocando famílias e crianças em risco econômico grave. E, devido à crença distintivamente americana de que cuidar dos filhos é um problema pessoal — não político —, há pouquíssima força política ou social para mudar a situação.

A historiadora e jornalista Ruth Rosen, ao escrever na revista *The Nation* disse que a mídia e a cultura consistentemente reforçam que a "crise dos cuidados" nos Estados Unidos é um problema individual, não da sociedade.[16] "Livros, revistas e jornais oferecem às mulheres americanas um interminável fluxo de conselhos sobre como manter o 'equilíbrio', como ser mais bem organizada e mais eficiente, ou como meditar, exercitar-se e cuidar de si para aliviar o estresse crescente. O que falta é a afirmação realmente prática de que a sociedade americana precisa de novas políticas que reestruturem as empresas e reorganizem a vida familiar". Apoio estrutural, em vez de pessoal; essa mudança é uma peça que falta no quebra-cabeça do equilíbrio entre o trabalho e a vida. A outra é lutar contra a mãe como única e ideal provedora de cuidados. Enquanto não fizermos isso, enquanto as mulheres sejam pensadas como o responsável padrão, não haverá apoio cultural suficiente para implementar mudanças sistêmicas que ajudem os pais.

E uma vez que ambos os pais não se vejam mais como os únicos provedores de suporte físico e emocional de seus filhos — uma vez que a ideia da maternidade total seja posta de lado —, a culpa, a vergonha e a infelicidade que acompanham o fato de ser incapaz de ser tudo para seus filhos o tempo todo vão morrer lentamente.

CINCO
"O trabalho mais difícil do mundo"

Chamar isso de "trabalho" é uma simplificação perigosa. Ao fazer isso, corremos o risco de ver nossas crianças, seus ambientes e sua vida como nossos "projetos"; nossos objetivos. E de sentir que temos que desenvolvê-los, moldá-los e entregá-los ao mundo como um produto que, naturalmente, queremos polido e perfeito. Mas eles não são isso, e, no final, existe dolorosamente muito pouco acerca deles que realmente determinamos.

— *Sharon Bialy, blogueira do* Veronica's Nap

NÃO HÁ DÚVIDA de que criar filhos — especialmente ser mãe — é um trabalho árduo. Existe certo olhar nas mães que é difícil de descrever... Tudo que sei é que, da mesma forma que sou capaz de identificar um viciado em heroína na rua, posso identificar uma mãe. Cuidar dos filhos nos deixa extenuadas (Acredite, eu sei — as olheiras que eu costumava ter depois de alguns drinques agora são permanentes em meu rosto). Então, não vou discutir quando alguém diz que ser mãe é difícil.

Mas, sejamos honestas: não é o mais difícil. E por mais que eu ame minha filha, também não acredito que cuidar dela seja a coisa mais importante que jamais farei. No entanto, em meu tempo relativamente curto como mãe, ouvi dezenas de pessoas me dizendo que o que estou fazendo é o mais difícil, o trabalho mais importante do mundo. Eu não estou sozinha nessa. Todas nós ouvimos isso uma centena de vezes. Mesmo Amy Chau, autora do polêmico livro *Grito de guerra da Mãe Tigre*, diz que criar filhos foi a coisa mais difícil que já fez.

As mães americanas realmente acreditam que trocar fraldas é mais difícil que fazer oncologia pediátrica? Ou que criar filhos é mais difícil que ser bombeiro ou operário de fábrica?

E se acreditarmos na propaganda, se ser mãe em tempo integral realmente é o trabalho mais difícil do mundo, por que não é remunerado? Se é o mais gratificante, então por que tantas de nós têm outras pessoas para cuidar dos nossos filhos? E se criar os filhos é o trabalho mais importante do mundo, porque não há na Terra mais homens fazendo fila para abandonar seus empregos diários frívolos para trabalhar para os menores e mais importantes empregadores do mundo?

Bem, essa ideia — que criar filhos é o trabalho mais difícil do mundo — pode ser somente uma hipérbole cultural, mas também é uma mentira que muitas de nós têm engolido. Como uma mãe comentou no Babble, popular site sobre criação de filhos:

Sempre que meus amigos homens tentam me dizer que meu "trabalho" não é tão ruim, eu lhes pergunto que outro trabalho dura 24 horas por dia, sete dias por semana, não tem falta por doença, não tem folga, requer paciência infinita, autossacrifício completo, aceitação de abusos, total responsabilidade por cada minuto de cada dia da vida de outra pessoa e não tem a opção de se demitir. Ser mãe é difícil porque não temos ideia de onde estamos nos metendo até o dia que ficamos presas pelo resto da vida em um emprego que temos que acreditar que é o mais gratificante na vida.

É na última frase que está a verdade: temos que acreditar que criar os filhos é a coisa mais gratificante, mais difícil e mais importante que jamais faremos. Porque se não acreditarmos nisso, trocar fraldas, assistir a desenhos entorpecentes, limpar vômito, e o "completo autossacrifício" ao qual estamos "presas pelo resto da vida" será em vão. Temos que acreditar, porque a realidade é deprimente demais.

TRABALHO DE MÃE NUNCA ACABA

Em seu best-seller, *The Price of Motherhood: Why the Most Important Job in the World Is Still the Least Valued*, Ann Crittenden argumenta que houve uma desconexão entre o modo como a maternidade é reverenciada e como é tangivelmente valorizada cultural e economicamente. "Todo o apoio à maternidade, da boca para fora, ainda flutua no ar, tão insubstancial como nuvens de pó de anjo", escreveu ela. Dizemos a maternidade é importante, mas certamente não agimos de acordo.

Crittenden acredita que se os americanos falam como se fosse verdade, devem agir em consequência. Sua solução é que a sociedade comece a valorizar a maternidade "reconhecendo de cabo a rabo — no trabalho, na família, na lei e na política social — que alguém tem que fazer o trabalho necessário de criar os filhos e sustentar a família". Eu concordo. Mas o argumento de Crittenden decorre da ideia de que a maternidade é tão importante quanto os chavões vazios e os cartões de Dia das Mães querem nos fazer crer. Na verdade, precisamos tornar a vida mais fácil (e mais justa) para as mães, valorizar seu trabalho em nível nacional, social e político. Mas também precisamos de uma mudança fundamental na forma como supervalorizamos a maternidade nas mulheres. Porque se as mulheres continuarem a acreditar que a coisa mais importante que podem fazer é criar filhos — e que seus filhos precisam ser o centro de seu universo —, mais tempo as mulheres americanas vão passar despercebidas e solapadas na vida pública, e mais frenéticas e perfeccionistas vão se tornar na vida privada e parental.

Afinal, há um motivo pelo qual muitas mães estão desesperadas para acreditar que a maternidade é o recurso mais perfeito e inestimável na vida de seu filho. A mera sugestão de que ser mãe não é o trabalho mais importante no mundo pode ser recebida com ira pelas mães sobrecarregadas de tarefas por todo lado.

Meagan Francis é casada e mãe de cinco filhos — quatro meninos e uma menina — que vive em Michigan. Além de cuidar de sua família, Francis é a autora de dois livros sobre maternidade, palestrante e blogueira que escreve sobre ser mãe de uma grande ninhada. Se existe alguém que pode dizer que trabalha duro, esse alguém é ela. No entanto, em um ensaio de 2009, Francis[1] argumentou contra a alegação comum de que ser mãe é "o trabalho mais difícil do mundo".

> Pessoalmente, prefiro não pensar na criação de meus filhos como um trabalho, e sim como um relacionamento — não para sabotar o que faço o dia todo na maioria dos dias, há milhares de dias e

por milhares de dias que virão; mas para me dar uma folga. Se ser mãe é meu trabalho, então tenho alguém a quem responder, expectativas a atender, avaliações de desempenho a enfrentar. E quando meus filhos saírem de casa ou passarem para uma fase menos dependente na vida, não quero me sentir como se estivesse desempregada.

Se o trabalho de ser mãe é realmente tão difícil quanto ser um trabalhador rural migrante ou o líder de uma nação, então talvez estejamos fazendo errado. Talvez tenhamos estabelecido um nível muito alto. Ou talvez todas nós estejamos nos esforçando um pouco demais.

Afinal de contas, escreve ela, cuidar de crianças não é exatamente como cavar valas — mesmo criando cinco. Francis foi rapidamente atacada pela comunidade de pais em uma tempestade online. Uma blogueira escreveu[2] que assim que terminou de ler, ela "queria atravessar a tela do computador e estrangular" Francis. Outra comentou: "Eu trabalho em fazendas orgânicas, cuido de várias crianças gritando durante o dia, e trabalho longas e impossíveis horas em um escritório com um chefe detestável e exigente. E sabe de uma coisa? Ser mãe é mais difícil que todas essas experiências juntas. Quem é você para me dizer que sou covarde, ou que carvoeiros tem um trabalho mais difícil?".

Um homem até sugeriu que o futuro das crianças em todos os lugares estava em jogo se as mulheres não levassem esse trabalho mais "importante" a sério: "Se as mães não tratarem a criação de seus filhos como uma carreira para mudar o mundo, esse trabalho vai inevitavelmente ser deixado para a TV, os filmes, a músicas, a escola e o governo, e todos podemos ver onde isso nos levou no mundo todo".

Para outras mães, Francis estava criticando seus centros morais. Uma mãe escreveu que, embora preferisse "trabalho de verdade", ela sorri e suporta — a maternidade — porque acredita que é "a coisa certa a fazer".

> Eu acordei hoje de manhã e meu trabalho até agora consistiu em brincar com blocos de montar, fazer o café da manhã, tentar arrumar a cozinha enquanto era convidada a brincar mais com blocos... Montar quebra-cabeças enquanto tentava terminar de fazer o café da manhã... A certa altura, tive que limpar duas vezes o penico em cinco minutos, fazer a cerimonial tabela de guloseimas, ler uma história... No entanto, sei que é a coisa certa a fazer, já que não precisamos do dinheiro: ficar em casa e cuidar de minha filha. Essa é uma das razões que me deixam tão irritada com pessoas que optam por deixar seus filhos com outra pessoa quando não precisam de dinheiro. Façam sua parte, moças!

Façam sua parte. Tranquem-se para sempre. Quando a maternidade continua sendo comparada a uma pena de prisão, você sabe que alguma coisa está errada. Por isso, não é nenhuma surpresa que outras mamães blogueiras respondam à polêmica com alívio. Sasha Brown-Worsham, uma mãe de Boston que criou um blog chamado My Wombinations, disse[3] que viu o texto de Francis como um "chamado às mães para pararem com a loucura e pararem de se matar na tentativa de terem certeza de que os filhos estão devidamente estimulados, cheios de alimentos orgânicos/leite materno e felizes o tempo todo". Acrescentou:

> É por aí que a tristeza entra. Porque eu tenho sido louca em muitos aspectos com meus filhos. Além da culpa constante, estou

sempre preocupada porque Sam não está recebendo estímulo suficiente. Na oportunidade ímpar de passar um dia em casa, sinto-me terrivelmente culpada. Tiro pouca alegria da maternidade, às vezes, porque estou sempre preocupada com o que vem depois, ou se Sam teve suficiente estímulo intelectual nesse dia. Eu me esforço muito para equilibrar a brincadeira — passeios pelo parque, longas caminhadas, museus infantis, aquário — com a parte intelectual — ajudando na leitura, aulas de arte, de espanhol, balé/ginástica. Mas pode ser cansativa a preocupação constante de que não fiz o suficiente, não alimentei seu cérebro o suficiente, não a deixei relaxar o suficiente. É a preocupação constante que faz a maternidade tão estressante.

Até mesmo a mãe que admitiu querer estrangular Francis — Kristi Gaylord, de 34 anos — concordou que parte do que a exasperou no texto foi a pressão que ela coloca sobre si mesma. "Talvez todas nós estejamos nos esforçando demais para ser 'mães perfeitas', e ao nos matarmos para alcançar esse padrão impossível, a maternidade se torna menos um relacionamento e mais um trabalho".

Devo prontamente admitir que me esforço demais e exerço muita pressão sobre mim mesma. Sempre me sinto inadequada. Sempre sinto como se estivesse falhando. Nunca sinto, no final do dia, que cada um dos meus filhos teve o suficiente de meu tempo e de enriquecimento social, cultural e de desenvolvimento. Quando vejo as coisas dessa maneira, então sim, a maternidade é um trabalho, no qual eu não sou particularmente bem-sucedida.

É isso — a culpa, o autoflagelo, a busca de uma perfeição que não existe — que suga a alegria da maternidade. É também por isso que a noção de criar filhos como sendo "trabalho mais difícil do mundo" não é apenas um frio conforto que damos a nós mesmas enquanto cuidamos das minúcias da maternidade, e sim um padrão opressivo que faz que nos sintamos inúteis. Afinal, quando Oprah dedicou um episódio de seu programa homônimo, em 2009, às mães (que ela alegou que seria uma "zona livre de julgamento, uma irmandade na maternidade onde vale tudo"), declarou: "As mães têm o trabalho mais difícil do mundo quando fazem a coisa direito". Ai, caramba.

Tenho certeza de que Oprah quis dizer isso da forma mais gentil possível — que as mães têm um trabalho extremamente difícil, que estão sobrecarregadas e subvalorizadas. Mas o que nós, mulheres, esmagadoramente ouvimos é que se não achamos que ser mãe é a coisa mais difícil que já fizemos, se não achamos que é uma atividade cansativa e desgastante e assassina de nossa vida sexual... Então, estamos fazendo errado. Façam sua parte, moças.

E, poxa, sempre fazemos. Criar filhos requer limpar, cozinhar, alimentar, servir de motorista, ensinar, e milhares de outras coisas necessárias que compõem o dia a dia de uma criança. Esses cuidados diários são ainda mais complicados para mães de tempo integral e que desejam que o dia de seus filhos seja não apenas bom, mas surpreendente — mães que acreditam que todas as horas da vida de seu filho devem ser enriquecedoras e cheias de estímulo intelectual. Porque ser uma boa mãe não é só criar filhos bem ajustados. É criar a criança mais inteligente, mais tranquila, mais artística, mais organicamente alimentada, mais bem-comportada e mais desapegada do videogame de todos os tempos. Quer os chame de superpais ou de mães executivas, não há dúvidas de que a "supercriação" está em toda parte e as mães estão liderando o caminho. Preparam papinha orgânica enquanto agendam aulas de piano, de balé e tutores de francês. Passam o dia todo online discutindo o tipo certo de sling e se filho querido ou filha querida está lendo bastante, se o bebê está rolando cedo o suficiente, ou se poderia pegar qualquer resfriado, gripe ou vírus que esteja circulando em seu bairro.

Nós debochamos dessas mães neuróticas superempreendedoras e obcecadas por seus filhos, mas talvez sua criação zelosa seja apenas o resultado compreensível de se esperar que mulheres inteligentes e motivadas encontrem satisfação na regurgitação dos bebês. Toda a energia que poderia ser — e talvez devesse ser — gasta na esfera pública é dirigida a seus filhos porque elas não têm outro lugar onde colocá-la. E porque, como Kristi, muitas sentem que estão falhando. Acho difícil aceitar que esse simplesmente seja o jeito de as mulheres serem mais felizes.

Embora nem todas as mães caiam na armadilha de acreditar que a maternidade é o trabalho mais importante que jamais terão (ou que deve ser o mais difícil, para o bem de seus filhos), ainda é uma ideia perigosa que vai além de cartões de felicitações e programas diurnos de TV. Dizer às mulheres — porque esse não é um "elogio" feito aos pais — que a maternidade é o trabalho mais importante do mundo não é apenas um tapinha condescendente na cabeça. Como Crittenden observou, é uma forma de aplacar as mães sobrecarregadas sem lhes dar o apoio social e político de que realmente precisam para tornar sua vida melhor.

A insistência cultural na importância desse trabalho é uma maneira inteligente de saciar as mulheres pouco apreciadas sem fazer absolutamente nada por elas. É um clichê vazio que estrategicamente mantém as mulheres em casa graças à insistência astuta no fato de que a maternidade é muito mais valiosa do que qualquer outro trabalho que as mulheres poderiam desempenhar na esfera pública. Para que se tornar uma advogada de altos honorários ou uma influente política se a maternidade a aguarda? De fato, usar a maternidade como uma forma de manter as mulheres fora da esfera pública tem uma longa história no país.

Hoje, a mensagem pode ser diferente, mas o resultado é o mesmo. As mulheres são levadas a sentir que se não cumprirem seu papel natural (e sorrindo!), estarão prestando um grande desserviço a seus filhos, a seu país e até a si mesmas. A Dra. Laura Schlessinger, uma popular personalidade conservadora do rádio, frequentemente se refere à maternidade como o trabalho mais importante do mundo. Em seu livro *In Praise of Stay-at-Home Moms*, Schlessinger — que tem doutorado em fisiologia — argumenta que as alegrias da criação de filhos superam qualquer satisfação que uma mulher poderia ter trabalhando na esfera pública. O livro elogia as mulheres "que sabem, no coração, que ficar em casa para criar seus filhos é a escolha certa para toda a família".

> Claro, também é possível que uma criança criada principalmente em creche, ou por babás, seja bem-sucedida pessoal e profissionalmente. Eu não sonharia em sugerir que existem benefícios reais para as crianças por terem pais que ficam em casa; é apenas uma escolha, como molho francês ou vinagrete em sua salada, não é? Bem, com certeza, porque se você soubesse que seria reciclada e que voltaria como uma criança com possibilidade de escolha, escolheria uma mãe, uma babá ou uma creche para si mesmo, com igual entusiasmo. Certo?

Ah, a culpa... Poucos fazem isso melhor que Dra. Laura. Quando um repórter do *Wall Street Journal* perguntou a Schlessinger se as famílias em que as mães ficam em casa eram financeiramente viáveis, ela respondeu: "Se realmente acreditamos em algo e o estimamos, descobrimos um jeito de fazer acontecer".[4] Com a ajuda da fada Sininho, talvez? Culpa e planejamento financeiro nada realista à parte, a verdadeira mensagem que Schlessinger está vendendo é que as mulheres são feitas para ser mães. "Meu coração dói [pelas mulheres trabalhadoras] — porque quando você sente os bracinhos rechonchudos em volta de seu pescoço, e sabe que é o conforto de alguém... O fato de que uma mulher vai perder isso é tão, tão triste". Não importa o fato de que mães que trabalham ganham abraços também; mas quando se tenta fazer as mulheres acreditarem que a coisa mais importante que já fizeram foi ser mães, "especialistas" têm, frequentemente, que recorrer à culpa, porque há pouco mais que isso mantendo as mulheres em casa.

Vejamos Sasha, uma mãe que participa do Babble:

> Eu tenho uma filha de 2 anos e meio; está matriculadas em aulas de espanhol, ginástica, arte, balé e na pré-escola, e eu tenho que carregá-la para todas essas atividades, brigar com ela por tudo isso e ainda fazer que tenha as noções básicas de leitura, cuidar de seu irmão mais novo, afagá-la, alimentá-la com comidas saudáveis e nutritivas e ir ao parque. Mas a alternativa me faz sentir tão culpada que nem vale a pena considerar. É um "trabalho"? Bem, talvez não. Mas é certamente a coisa mais difícil que já fiz na vida. Também acho que depende de sua definição de difícil. É mais difícil pensar no cocô de outra pessoa, esfregar o banheiro, ou se sentir quase constantemente culpada e emocionalmente esgotada todos os dias? Sendo mãe, você tem as duas coisas.

Não é só a culpa que é perigosa — porque quando se está dizendo às mulheres que seu papel natural é só o de mãe, é muito mais fácil convencê-las de que não precisam ser médicas, cientistas e políticas.

E, claro, se criar filhos é tão gratificante e importante, por que os homens não ficam mais em casa para fazer isso? Afinal, os homens gostam de trabalhos importantes, não é?! Mas isso é só uma desculpa fácil — emoldurada como um grande elogio — de homens que querem que as mulheres continuem a criar seus filhos como as leoas. David Brooks, em um artigo do *New York Times* de 2006 intitulada "The Year of Domesticity"[5], por exemplo, argumentou que a esfera doméstica é "o reino da influência incomparável". E prosseguia dizendo: "Se há uma coisa que aprendemos ao longo da geração passada é que o QI, os hábitos mentais de uma criança e seu destino são, em grande parte, moldados nos primeiros anos de vida, antes que a escola ou do mundo exterior tenha muita influência".

Agora, é claro que é fácil para alguém como Brooks escrever que "o poder está na cozinha", visto que ele trabalha em uma acolhedora mesa de colunista. Rebecca Traister da revista *Salon* deu uma resposta irritada: "Se [Brooks] se sente tão prejudicado por sua falta de poder como construtor de QI da próxima geração, talvez devesse entregar o cargo para trabalhar em tempo integral em uma instituição de assistência à criança".[6] Algo me diz que ele não vai abandonar seu emprego tão cedo. E, realmente, não é um insulto sugerir que a melhor coisa que as mulheres podem fazer é criar outras pessoas para que façam coisas incríveis? Aposto que algumas dessas mulheres gostariam de fazer grandes coisas elas próprias.

Um argumento semelhante surgiu em um clube do livro "progressista" do qual meu marido participou alguns anos atrás. Certa semana, em vez de um livro, o grupo — composto principalmente por homens na casa dos 20 anos de idade — leu o artigo de Ruth Rosen na revista *The Nation* intitulado "A crise nos cuidados". O artigo esboçava por que os cuidados prestados por mulheres — seja cuidando dos filhos ou de pais idosos — haviam sido relegados a algo que os americanos consideravam decisões privadas, em vez de questões políticas que eram. Os homens concordaram veementemente — nossa nação precisava de cuidados subsidiados à criança, horários de trabalho mais flexíveis e licença família remunerada! Essas políticas sexistas precisavam mudar! Mas quando Andrew perguntou quantos deles estariam dispostos a se casar com alguém que esperasse divisão igualitária das responsabilidades domésticas e de criação dos filhos, o silêncio foi total.

Ao longo da conversa, a maioria dos homens admitiu, de má vontade, que queria uma parceira que ficasse em casa com os filhos que tivessem — uma opção que os homens nunca considerariam para si. A maioria também achava que as mulheres de sua vida ficariam mais que felizes por assumir o papel de principal responsável, porque eram as mais adequadas para isso (Pouco importa o fato de que esses homens namoravam editoras, escritoras e ativistas na época). Esses são os progressistas, a favor do casamento entre pessoas do mesmo sexo, antirracistas — tudo relacionado a mudanças na política, mas não em sua vida pessoal.

Essa desconexão entre o pessoal e o político ainda persiste, e hoje — quarenta anos depois que Betty Friedan tentou libertar as mulheres da escravidão doméstica —, as mulheres ainda estão presas, acreditando que a coisa mais importante que podem fazer por seus filhos é estar com eles. *O tempo todo.*

Então, eu acredito que meu trabalho como mãe é importante e valioso? Sem dúvida (Na verdade, acho que criar filhos devia ser um empreendimento remunerado). Simplesmente não acho que aplicar toda a energia que tenho na criação dos filhos — à custa de minha carreira, meu casamento e minha vida social — será a diferença entre Layla se tornar sem-teto ou presidente. Mas muitas mulheres são levadas a acreditar que cada pequena decisão que tomam — de chupetas a jogos educativos — terá um impacto duradouro sobre seu filho. Isso é uma receita para a loucura. E também revela um sentimento exagerado de autoimportância. Antes de jogar este livro na parede ou freneticamente procurar no Google meu email para me enviar mensagens de ódio, ouça-me.

Acreditamos que, da mesma forma que fazemos de nossos filhos o centro de nossa vida (Uau, mal posso esperar para ver o tipo de crianças resultante dessa filosofia parental!), nós somos o centro da vida deles. Que precisam da mãe acima de tudo, apesar das evidências em contrário. Vasta quantidade de pesquisas mostra que as crianças se desenvolvem melhor quando são criadas por uma comunidade de pessoas — pais, avós, amigos e vizinhos. Está em nosso DNA — somos seres sociais, e devemos ser criados como tais. Sim, as mães são importantes, mas não porque somos mulheres ou porque somos biologicamente aparentadas (ou não) aos nossos filhos. Somos importantes porque somos uma das pessoas que amam e cuidam de um ser humano em crescimento. Mas, se quisermos obter um pouco de alegria com essa experiência, precisamos abandonar a noção de que somos as únicas que podem fazê-lo corretamente, e que, para fazermos direito, tenhamos que passar por algum tipo de sofrimento ou um imenso autossacrifício.

Isso não quer dizer que as mulheres não devam se preocupar com a criação dos filhos e ajustar sua vida social e profissional à vida materna. Também não estou afirmando que as mulheres não devam ficar em casa com seus filhos (pelo menos não ainda). Quando tive Layla, Andrew e eu estávamos discutindo nossas decisões acerca de trabalho/família. Decidimos começar a tentar engravidar quando nós dois estivéssemos trabalhando em *home office*, para garantir que tivéssemos uma divisão o mais equitativa possível nos cuidados à criança (Naturalmente, trabalhar em casa foi, mais tarde, o privilégio e a bênção que nos permitiu encarar o nascimento precoce de Layla e sua internação prolongada). Acho inteligente planejar como criar os filhos vai se encaixar em nossa vida, e simplesmente não acredito que isso precise ser a peça central daquilo que somos e do que fazemos.

Quando Layla nasceu, prematura, e precisou de cuidados especiais depois de sua internação prolongada, eu, infelizmente, não tive escolha para decidir se devia ou não fazer dela o centro de minha vida. Ela simplesmente era; sua saúde e sobrevivência dependiam disso. Mas não foi algo que eu cultivei; eu ansiava pela independência de Layla (e minha liberdade). Não quero ser o centro do universo dela, e por mais que a ame, e não quero que ela seja o centro do meu. Sou mãe, mas sou outras coisas também, e meus outros desejos, ambições e crenças são tão parte de mim — talvez até mais — quanto ser mãe.

A verdade é que podemos simultaneamente amar ser mães, achar que é gratificante e valioso, e também reconhecer que as minúcias de nossa maternidade não são tão críticas como a sociedade quer que acreditemos. Podemos amar nossos filhos sem acreditar que o mundo gira em torno deles. Podemos sentir prazer na maternidade sem pensar que é a coisa mais importante que jamais faremos ou a maior contribuição que vamos fazer à sociedade. E podemos ficar exaustas, sobrecarregadas, e ainda reconhecer que há uma série de outros trabalhos que são mais difíceis, e sim, ainda mais importantes. Porque se virmos a criação dos filhos como o que é — um relacionamento, não um trabalho —, poderemos nos libertar das expectativas e dos padrões sufocantes que a maternidade como emprego demanda.

De modo que, sim, tenhamos certeza de que criar filhos seja valorizado, mas vamos dar um pouco menos de valor quando se trate de mulheres.

SEIS
A mãe sabe o que é melhor

> Siga seus instintos. É aí que a verdadeira sabedoria se manifesta.
>
> — *Oprah Winfrey*

NOS DIAS de hoje, todo o mundo é especialista em alguma coisa. Graças, em grande parte, à internet, qualquer um que publique um blog, tenha um Twitter seguido por mais de mil pessoas ou um Tumblr que fique ocasionalmente reblogando é considerado uma autoridade em uma coisa ou outra. Para as mulheres, que vêm publicando blogs sobre maternidade e alimentando fóruns online sobre criação de filhos com a velocidade de um raio, esse tipo de reconhecimento vem chegando há algum tempo.

Do espelho vaginal dos anos 1970 até acompanhar celebridades parindo em uma banheira, se o feminismo moderno nos ensinou alguma coisa é que somos donas de nosso próprio corpo e especialistas em nossa própria vida. Pessoal é político, certo?

Mas a desvantagem de contar às mulheres que conhecemos tudo isso é que nos *tornamos* sabe-tudo, prendendo-nos à expectativa monumental de ser a autoridade final em tudo relacionado à criação dos filhos — em detrimento próprio e de nossos filhos. Não somos mais apenas mães, graças à riqueza de informações online e à democratização do conhecimento; as mães agora sentem que têm que ser professoras, enfermeiras, nutricionistas e até cientistas (Se é que não são essas coisas de verdade!).

Ao passo que é fortalecedor e encorajador que as mulheres assumam o controle de sua vida e se afastem do conhecimento tradicional, também é meio perigoso. Afinal, nem tudo é alegria nos partos em casa e nas reuniões da La Leche League (organização que promove e defende o aleitamento materno). Na verdade, a crença das mães de que seu instinto materno supera tudo já provocou uma crise de saúde no país — o movimento antivacinação.

A noção do amor materno é antiga, mas o "instinto" maternal — a ideia de que as mulheres têm certo entendimento natural ou conhecimento do que seus filhos precisam — é mais recente. É uma invenção moderna que surgiu no mundo ocidental como medicina e nutrição melhoradas, e a mortalidade infantil se tornou menos generalizada; antes, os bebês corriam risco de morte tão alto que muitas vezes as crianças não recebiam nome antes de completar um ou dois anos de idade.

Élisabeth Badinter argumentou em seu livro *Um amor conquistado: O mito do amor materno*, de 1981, que a ideia de instinto materno foi construída socialmente, e não é um dado biológico. Badinter citou as mães na França do século XVIII, uma época em que quase todos — cerca de 95% — os recém-nascidos em áreas como Paris eram entregues a amas de leite. A prática levou a altas taxas de mortalidade infantil — tanto porque os bebês amamentados por amas de leite eram mais propensos a morrer, quanto porque as amas eram mais propensas a abandonar seus próprios filhos quando contratadas para amamentar outra criança. Badinter escreveu que se o instinto materno fosse de fato natural e "espontâneo", como as mães poderiam simplesmente entregar seus filhos, abandoná-los? "Não estou questionando o amor materno", escreveu ela, "estou questionando o instinto materno".

INJEÇÃO DE ÂNIMO NAS MÃES

Elyse Anders, de Dallas, Texas, estava grávida de seu segundo filho quando o pânico da gripe suína atingiu os Estados Unidos. Escolas foram fechadas, o presidente declarou estado de emergência nacional e o CDC ativou seu Centro de Operações de Emergência. Em março de 2010, o CDC estimava que 59 milhões de americanos haviam contraído a gripe suína, 265 mil foram hospitalizados e 12 mil morreram por causa do vírus. Felizmente, houve uma vacina — mas nem todos entraram na fila para tomá-la. "Foi terrível ver todas essas pessoas dizendo que não iam tomar a vacina", disse Anders (Mulheres grávidas são particularmente susceptíveis à doença).

"Pessoas perfeitamente saudáveis estavam morrendo de gripe, e havia gente que se recusava a tomar a vacina?!"

Anders disse que foi quando decidiu que precisava "acelerar" seus esforços e se tornar mais ativa na questão. "Sempre fui apaixonada por ciência e pensamento crítico", disse ela. Mas foi ao ser mãe que a questão antivacinação realmente entrou em seu radar. Como mãe de 34 anos de idade, ela começou a escrever para o blog Skepchick[1], sobre ciência e ceticismo, e fundou a Hug Me I'm Vaccinated, uma ampla campanha educacional que incentiva os pais a vacinar seus filhos. Sempre houve uma pequena porcentagem da população que se recusa a se vacinar — mas, de acordo com o CDC, isso é esperado. Contanto que cerca de 95% da população receba a vacinação, a maioria dos americanos estará segura. Mas o que tem acontecido nos últimos anos é que as crianças não vacinadas (e adultos) estão agora concentradas em pequenas áreas.

"São geralmente bairros de classe média alta — que não é o que se esperaria", diz Anders. "Então, você encontra essas comunidades, onde só de 20% a 50% das crianças foram vacinadas. Acaba tendo esses núcleos, e é neles que se dão os surtos, e deles se propagam".

Na verdade, foi exatamente isso que aconteceu em 2011, quando os Estados Unidos viveram o maior surto de sarampo em quinze anos — o CDC o atribuiu a pequenos grupos de crianças não vacinadas. Em abril de 2011, uma escola particular alternativa em Floyd County, Virgínia, teve que fechar quando metade de seus alunos pegou pertússis — também conhecida como coqueluche. Todos os alunos que contraíram o vírus não haviam sido vacinados.

O ressurgimento da coqueluche também ocorreu na Califórnia em 2010 por causa de crianças não vacinadas — foi o pior surto em mais de sessenta anos. Bebês com a doença tossiam tanto, e com tanta força, que o ar era totalmente forçado para fora de seus pulmões, e quando inspiravam faziam um alto ruído. Dez crianças morreram como resultado do surto na Califórnia. É uma doença horrível, uma péssima maneira de morrer. Então, por que qualquer pai colocaria seu filho — e os filhos dos outros — em risco optando por não o vacinar?

Seth Mnookin, autor de *The Panic Virus: The True Story Behind the Vaccine-Autism Controversy*, diz que os pais de hoje não têm a experiência pessoal com doenças infecciosas mortais que gerações passadas tiveram, mas que também há algo específico sobre nossa maneira de criar os filhos que faz que os pais de agora sejam mais cético em relação a vacinas.

"Para nossa geração de 'superpais', há algo de sensível na adoção desse esquema de proteção por vacina. Parece que alguém está dizendo que seu filho não é especial, que as coisas não vão se adaptar a suas necessidades específicas". Mnookin debocha ao comparar vacinas a algo que precisa ser adaptado a cada criança específica, dizendo: "Vamos adequar o consumo de oxigênio às necessidades específicas de seu filho; ou seus movimentos intestinais".

Mnookin me conta que, mesmo antes de sua esposa ter o seu primeiro filho, quando muitos de seus amigos estavam tendo filhos, ele percebeu que "muitos pais realmente se sentiam perdidos. O que é incrível, porque apesar da quantidade de dinheiro que gastamos em livros e manuais, quando de uma hora para o outra você passa de não pai a pai, descobre o que significa sentir-se totalmente impotente".

Em seu livro, Mnookin relembra um jantar no qual um amigo não conseguia explicar por que decidira não vacinar seu filho — e por que tinha tanta desconfiança da comunidade médica. Mnookin ficou intrigado. "É interessante examinar esse outro tipo de questão, que é esse sentimento de instinto — de "saber" que algo é verdade e tomar decisões com base nisso". Hoje, chamamos isso de instinto materno.

O SENTIDO DOENTE

Quando Jenny McCarthy entrou na cena antivacinação/criação dos filhos, tudo mudou. A ex-coelhinha da Playboy que nos anos 1990 virou personalidade da MTV, tornou-se estrela antivacinação e usou a ideia da intuição feminina para mudar completamente a forma como os pais pensam a criação de seus filhos.

McCarthy causou um enorme aumento na principal corrente de pensamento antivacinação depois que começou a escrever e falar publicamente sobre o autismo de seu filho — que ela acreditava ser causado pela vacina tríplice viral. Ela escreveu oito livros, apareceu no programa de Oprah para contar sua história, e é agora presidente da Generation Rescue, uma organização que pretende ajudar os pais a "curar" o autismo de seus filhos.

McCarthy disse que quando seu filho, Evan, recebeu o diagnóstico de autismo, em 2005, após o choque inicial, "ela se levantou, foi ao computador e procurou a palavra 'autismo'". Ela afirma que, um ano depois de submeter Evan a uma dieta especial, dar-lhe certas vitaminas e mudar seu ambiente doméstico, ele não tinha mais o diagnóstico de autista (Especialistas sugerem que Evan nunca teve autismo, mas, na verdade, provavelmente tem síndrome de Landau-Kleffner, um transtorno neurológico infantil que pode ter sintomas semelhantes ao autismo).

A história de McCarthy é incrivelmente convincente, e ela é uma porta-voz perfeita para qualquer causa: simpática, bonita e já traz sua plataforma integrada. Ainda que não reste dúvida de que o poder de estrela de McCarthy deu credibilidade a esse movimento marginal, o que realmente a faz tão influente para muitos pais — especialmente mães — é algo muito maior. Ela tocou em uma coisa que muitas mães americanas estão procurando: validação. Que seu conhecimento pessoal significa alguma coisa.

Quando McCarthy foi confrontada com uma declaração do CDC, durante sua presença no programa de Oprah, em 2007, que apontou evidência científica esmagadora contra ela, sua resposta refletiu perfeitamente o sentimento das mães de todo o país: "Minha ciência é Evan. Ele está em casa. Essa é minha ciência".

Assim, para uma geração de pais — especialmente mães — que ficam extremamente desconfortáveis por não se sentir no controle, e cada vez mais interessados em confiar em seus próprios conhecimentos que em especialistas, o movimento antivacinação é perfeito.

Quando uma causa vem e diz: *Você pode pesquisar, confiar em si mesmo, a indústria farmacêutica está tentando lucrar às suas custas*, passa uma mensagem muito sedutora para uma população que está doente e cansada de não ser respeitada. É por isso que, em parte, as mulheres tendem a ser mais contra a vacinação que os homens. Elas são mais vociferantes, não só porque tendem a ser aquelas que tomam decisões sobre as crianças, mas também porque são as que mais investiram na ideia de seu próprio conhecimento como especialização.

"Elas fazem suas pesquisas — e não é que sejam estúpidas; elas encontram essas informações em sites médicos alternativos. Uma brincadeira cunhada por McCarthy diz que elas frequentam a Universidade Google", diz Anders.

Um problema com a pesquisa sobre autismo ou vacinas na internet é que, sem um tipo específico de conhecimento ou contexto, é fácil acreditar em informações falsas. Anders lembra que quando você digita "vacina" no Google, as primeiras entradas não são baseadas na ciência. "São sites antivacinação que distorcem os dados e aterrorizam as pessoas", diz ela. "Instruem os leitores a irem ao site do CDC e ver os ingredientes de uma vacina — e as pessoas veem coisas como mercúrio e alumínio. Se você não conhece ciência ou não entende por que essas coisas são importantes, pode ser muito assustador".

E o que muitos pais não percebem é que as buscas na internet são tendenciosas. O Google, por exemplo, aprende aquilo em que você se interessa e lhe dá os resultados de pesquisa de acordo com esses interesses. Então, digamos que você procura por "vacina autismo" e clica em um site que pretende mostrar uma ligação entre a doença e a vacinação; da próxima vez que fizer uma pesquisa semelhante, o Google vai lembrar que você clicou e vai mostrar resultados semelhantes em suas pesquisas posteriores. "A internet é autorreferencial; uma vez que você desce ao alçapão, fica cada vez mais difícil puxar a si mesmo para cima", diz Mnookin. Ele também propõe que, pelo fato de haver muito menos disponibilidade de profissionais médicos que em anos passados, os pais estão cada vez mais propensos a buscar informações online. "Se meus pais tinham perguntas a fazer a meu pediatra, não existia esse negócio de responder em quinze minutos ou ter que marcar outra consulta, e possivelmente pagar do próprio bolso... Desta forma, a comunidade médica deixa os pais realmente desapontados".

A comunidade médica também desaponta especificamente as mulheres — é por isso que muitas buscam informações em outros lugares. Elas têm muito boas razões para ser céticas em relação ao sistema médico, especialmente no que tange a ser mãe.

CURANDEIRAS

Como indicado pelo aumento da mortalidade materna em 2010, agora é mais perigoso para as mulheres parirem na Califórnia que no Kuwait ou na Bósnia. A Anistia Internacional relata que as mulheres neste país correm um risco maior de morrer devido a complicações na gravidez que mulheres em 49 outros países (mulheres negras têm quase quatro vezes mais probabilidades de morrerem que mulheres brancas). Os Estados Unidos gastam mais que qualquer outro país em cuidados à saúde materna, mas nosso risco de morrer ou de chegar perto da morte durante a gravidez ou no parto permanece excessivamente elevado (Durante 2004 e 2005, mais de 68 mil mulheres quase morreram no parto).

Defensores da saúde das mulheres dizem que essa desconexão é, em parte, devida à forma como o sistema de saúde funciona. A Anistia Internacional, por exemplo, aponta a discriminação e os encargos financeiros que colocam em risco a saúde de mulheres e mãe. Mas outros argumentam que, além de desigualdades sistêmicas, a obsessão da comunidade médica de "patologizar" o parto e pôr a conveniência acima da saúde da mulher é a culpada.

Jennifer Block, autora de *Pushed: The Painful Truth about Childbirth and Modern Maternity Care*, documentou que as taxas de cesáreas — uma das principais causas de complicações e de morte no parto — aumentam de forma brusca na hora do almoço e no final do dia de trabalho, quando médicos querem comer alguma coisa ou ir para casa. A taxa de cesárea nos Estados Unidos é a mais alta de todos os tempos: 32%, que é quase uma a cada três mulheres que dão à luz por meio de uma séria cirurgia abdominal. A taxa é duas vezes mais elevada que a recomendada pela Organização Mundial da Saúde. Complicações potenciais para cesáreas são numerosas, mas os médicos continuam recomendando a cirurgia e aumentando os índices.

A indústria médica dos Estados Unidos também tem uma longa e terrível história de esterilizações forçadas — especialmente entre os grupos mais marginalizados de mulheres. Houve, na verdade, uma legislação em alguns estados, no início de 1900, que determinava a esterilização de mulheres com dificuldades de raciocínio ou doentes mentais como parte de um movimento nacional de eugenia. De fato, em 1927, a Suprema Corte decidiu que a esterilização de mulheres não violava a Constituição no caso *Buck contra Bell*. O jurista Oliver Wendell Holmes escreveu: "Será melhor para todos se, em vez de esperar para executar os descendentes degenerados por algum crime, ou deixá-los morrer de fome por sua imbecilidade, a sociedade puder impedir que aqueles que são manifestamente inadequados deem continuidade a sua espécie".

Mulheres negras, indígenas americanas, imigrantes e mulheres de baixa renda também foram alvo — muitas vezes esterilizadas sem seu conhecimento ou consentimento, quando iam ao hospital por outro motivo, como um parto. Sob a administração Nixon, houve até financiamento estatal para essas esterilizações. E em Porto Rico, práticas coercitivas por parte do governo e da comunidade médica resultaram em uma taxa gritante de 35% de esterilizações entre as mulheres de lá.

Enquanto esterilizações legais ainda eram realizadas até a década de 1980, ainda hoje algumas mulheres são pressionadas e coagidas a usar métodos contraceptivos de longo prazo ou a serem esterilizadas. Organizações como a Project Prevention (anteriormente chamada Children Requiring a Caring Kommunity, ou CRACK) põe outdoors em bairros de baixa renda oferecendo dinheiro às mulheres para ser esterilizadas.

E essas são apenas duas questões em uma longa história de maus tratos e malefícios às mulheres na medicina americana — de falsos diagnósticos de histeria no século XVIII e XIX a farmacêuticos hoje se recusando a vender anticoncepcionais porque não gostam da ideia de que elas façam sexo. Não há dúvida de que as mulheres têm motivos de sobra para estarem desconfiadas. Não há dúvida de que os Estados Unidos historicamente ignoram as opiniões de mulheres e mães, e estas rotineiramente ouvem que estão sendo muito neuróticas e que devem confiar nos especialistas, mesmo que isso signifique ir contra seus instintos. Felizmente, o feminismo moderno tornou possível para as mulheres recuperar o controle sobre seu corpo — seja por meio do acesso ao controle de natalidade e aborto ou questionando a crescente medicalização do parto e a motivação de médicos que violam a liberdade reprodutiva da mulher.

Mas será que um ceticismo justificável em relação ao sistema médico significa que as mães devem desconsiderar conhecimentos médicos e científicos completamente consolidados em favor de seu próprio suposto sexto sentido?

A ideia de instintos maternos simultaneamente agrada e assusta a minha sensibilidade feminista. Eu confio em mulheres, é nisso que amplamente se baseiam minha política e crenças pessoais. Mas a ideia de que as mulheres têm algum tipo de sexto sentido feminino também está par a par com a essencialização, a disputa um tanto ingênua de que o mundo seria um lugar melhor se só as mulheres o dirigissem (Obviamente, quem acha que as mulheres são naturalmente mais pacíficas ou maternais nunca visitou o UrbanBaby.com).

Meu ceticismo em relação ao "instinto materno" ou "intuição feminina" também se deve, em grande parte, ao fato de que o meu próprio instinto ter sido tão falho. Quando eu estava doente, com pré-eclâmpsia — minha pressão arterial estava perigosamente alta e depois de alguns dias meu fígado começou a falhar —, encontrava-me completamente desinformada. Meus "instintos" me diziam que meu rosto estava inchado — um sinal revelador da doença — porque era um verão muito quente e, claro, eu estava grávida. Eu havia ganhado muito peso naquela semana (ganho de peso repentino é também um sintoma), porque, pensei, estava de férias e me empanturrando de lagosta com manteiga e sobremesas. Um dia antes de ser internada, fui almoçar com a minha linda editora deste mesmo livro, e apesar dos meus pés estarem tão inchados que no táxi indo para casa considerei a possibilidade de cortar minhas sapatilhas, achei que era tudo devido à gravidez. Nunca me ocorreu que eu poderia estar gravemente doente. Precisei que um médico me dissesse isso.

Mas também entendo por que mensagens como as de Jenny McCarthy — tão perigosas quanto acho que são — ecoam tão profundamente. Quando eu estava grávida, nada era mais importante para mim do que me informar — era minha responsabilidade educar a mim mesma e tomar as melhores decisões para minha família e para mim. Isso é parte integrante de meu feminismo. E isso me fez sentir poderosa.

Eu era cautelosa com livros como *O que esperar quando você está esperando*, e com obstetras e ginecologistas tradicionais. Afinal, eu havia visto Ricki Lake parir em uma banheira no documentário *The Business of Being Born* e havia lido o maravilhoso livro de Jennifer Block. Sabia que o sistema médico não estava particularmente interessado no meu bem-estar. Sabia que a taxa de cesáreas subia durante o horário de almoço e logo após as seis da tarde, sabia que tomar a peridural durante o parto pode levar a um efeito cascata e uma cesárea se tornaria muito mais provável. E eu sabia, por meu próprio blog e meus escritos, que os direitos das gestantes são rotineiramente violados.

Eu sabia muito bem que se quisesse ter a assistência pré-natal e o parto que achava ser o melhor, teria que lutar por isso. Depois de decidir que o parto domiciliar não era para mim (meu marido e eu estávamos preocupados porque o hospital decente mais próximo ficava longe), encontrei uma obstetra que preferia o parto natural. Ela também tinha parteiras em sua clínica que tinham certos privilégios no St. Luke's-Roosevelt Birth Center. Comi alimentos orgânicos, fiz exercícios, e esquivei-me das recomendações excessivamente zelosas para gestantes bebendo uma taça de vinho tinto, às vezes.

Apenas dois dias antes de eu ser internada — e menos de uma semana antes de uma cesárea de emergência e do nascimento de

Layla —, eu estava passeando pelo St. Luke's-Roosevelt Birth Center olhando as banheiras de relaxamento. Lamentavelmente, eu estava despreparada para o que aconteceu comigo.

Enquanto Layla estava na UTI neonatal, a única sensação de controle que eu tinha, o único poder "maternal" eram meus instintos e a capacidade de confiar em mim mesma. Meu marido e eu fizemos um curso intensivo sobre prematuros — sim, usando o Google, entre outros recursos —, mas entre idas e vindas ao hospital, minha própria recuperação e o estresse diário de ter um filho doente, pouca coisa pudemos aprender. Para o resto, tivemos que contar com especialistas.

Confiar a outras pessoas (a estranhos, na verdade) a saúde de seu filho é assustador. Você coloca a vida dele nas mãos de alguém e espera que a pessoa saiba o que está fazendo. A falta de controle é terrível. Mas, às vezes, você simplesmente não tem escolha — tem que aceitar.

Os momentos em que eu podia exercer o controle — quando meu conhecimento e intuição deixavam Layla segura — eram incrivelmente reconfortantes. Um dia, quando minha mãe foi visitar Layla no hospital, por exemplo, ela colocou as mãos no compartimento para segurar a mãozinha de Layla e notou que estava mais fria que o habitual (O compartimento estava constantemente aquecido porque Layla ainda não era capaz de regular sua própria temperatura corporal). Acontece que o aquecedor havia quebrado e as enfermeiras ainda não haviam notado. Da mesma forma, como eu era a única que estava com Layla a maior parte do tempo — as enfermeiras da UTI neonatal são sempre trocadas, muitas vezes para garantir que não fiquem muito apegadas a algum bebê —, eu tendia a perceber problemas menores antes dos médicos ou enfermeiras, como infecções oculares, ou quando seus tubos de respiração arranhavam suas narinas.

São todos problemas que tenho certeza de que seus cuidadores teriam descoberto e corrigido uma hora, mas estar lá e sentir que poderia oferecer um conhecimento que ajudaria minha filha me devolveu uma sensação de controle quando tantas vezes sentia que não tinha nenhum. Isso — por falta de uma palavra não muito melhor — era capacitador.

É essa sensação de capacitação que afasta tantas mulheres das formas tradicionais de especialização e as deixa em sintonia fina consigo mesmas — mesmo que isso signifique apoiar perigosos riscos à saúde, como a não vacinação.

E, novamente, há algo de feminista em deixar que a voz das mulheres — que tem sido historicamente ignorada ou caluniada — saia em pleno vigor. Somos todas especialistas em termos de nossas próprias experiências, de nossa vida. Mas, a verdade, tão desconfortável quanto pode nos deixar, é que não sabemos tudo. É tentador pensar que o que fazemos, especialmente agora, quando a expectativa de maternidade (de acordo com a "maternidade total", de Joan Wolf) é que temos que saber tudo para ser uma boa — ou apenas adequada — mãe.

Eis apenas algumas das coisas que se espera que as mães saibam sobre seus filhos: o peso exato, altura, idade em semanas, dias e horas, sua última vacina (sem olhar na carteirinha!); horário de entrada na creche, horário de saída da creche e as regras sobre manteiga de amendoim ou muda de roupa; alergias e histórico médico; de que alimentos gostam e não gostam (e a que temperatura e consistência gostam); quantos dentes têm, e quantos perderam, quais são seus livros, brinquedos, cores e música favoritos, quando cortou as unhas a última vez, a cor, forma e consistência de suas fezes todos os dias, se andam vomitando, quanto, e se isso foi precedido por tosse, e assim por diante.

Eis algumas das coisas que esperam que façamos: saber tratar com a burocracia do convênio médico, levar a consultas com o pediatra, nutricionista, especialista em desenvolvimento e/ou terapeuta da fala; garantir que haja fraldas, leite, lencinhos e chupetas suficientes em casa, lembrar de pagar a babá ou a creche; pedir a minha mãe para cuidar dela (de novo?).

Sim, os homens também fazem essas coisas. Mas quando eles sabem esses detalhes íntimos da vida de seus filhos, são considerados heróis, ao passo que quando as mulheres sabem é o padrão.

Viver na era das mães especialistas significa que o instinto materno não tem a ver apenas com o amor de mãe. Existe uma expectativa incorporada de que mães realmente amorosas e comprometidas são autoridade absoluta sobre tudo que tenha a ver com seus filhos — até a última fralda suja.

A verdade é que, naturalmente, não somos especialistas em tudo. Mulheres não são especialistas só por serem mulheres, ou por serem mães. Pesquisar no Google não nos coloca par a par com um pesquisador de inoculação, e dominar as minúcias da vida de nossos filhos não significa que não precisamos de ajuda e apoio de verdadeiros especialistas.

Pode ser que as mães americanas estejam tão desesperadas por poder, reconhecimento e validação que preferem assumir o encargo de se considerar mães especialistas em vez de mudar as circunstâncias que exigem um papel tão pouco razoável para nós.

Acreditar que nosso instinto materno de alguma forma significa que sabemos mais que ninguém não só exerce uma pressão indevida sobre nós mesmas e nossa capacidade de nos sentir boas mães, mas também reforça a ideia de que não existe nada mais natural que o avassalador amor de mãe — uma crença que, na verdade, cai por terra quando observamos mais de perto o jeito como as crianças estão realmente sendo tratadas.

Mas existe uma diferença entre ser bem informada e capacitada, e lidar com o fardo de achar que precisamos saber tudo para sermos boas mães.

VERDADES

SETE
Desistir dos filhos

Não quero mais criar essa criança.

— *Parte de um bilhete fixado em um menino de 7 anos que foi colocado sozinho em um avião para a Rússia*

As respostas das mulheres eram consideradas reflexivas e automáticas, tão inevitáveis quanto as contrações musculares uterinas que trazem seu bebê ao mundo. Tal devoção foi subordinada ao rótulo "científico" "instinto materno". Desse modo, mães que abandonam crianças eram vistas como antinaturais. Mesmo mães que simplesmente se sentiam ambivalentes deviam precisar de aconselhamento.

— Antropóloga **Sarah Blaffer Hrdy**

EM 2008, Nebraska descriminalizou o abandono de crianças. A medida foi parte de uma lei "porto seguro", projetada para atender ao aumento das taxas de infanticídio no estado. Sob outras leis desse tipo, os pais de Nebraska que se sentiam despreparados para cuidar de seus bebês podiam deixá-los em um local designado, sem medo de serem presos ou indiciados. Mas os legisladores cometeram um grande erro logístico: não determinaram um limite de idade para abandonar as crianças.

Poucas semanas após a aprovação da lei, os pais começaram a se livrar dos filhos. Mas aí está o problema: nenhum deles era bebê. Em dois meses, 36 crianças haviam sido deixadas em hospitais públicos e delegacias de polícia. Vinte e duas delas tinham mais de 13 anos de idade e oito tinham entre 10 e 12 anos de idade. Uma avó de 51 anos de idade abandonou um menino de doze. Um pai abandonou toda a família — nove crianças de idades entre 1 e 17 anos. Outros chegavam de estados vizinhos para deixar seus filhos, uma vez que ouviam dizer que podiam abandoná-los sem repreensão.

O governo do estado de Nebraska, percebendo o enorme erro que havia cometido, realizou uma sessão especial do Legislativo para reescrever a lei, a fim de adicionar uma limitação de idade. O governador Dave Heineman disse que a mudança deveria "colocar o foco de volta na intenção original dessas leis, que é salvar bebês recém-nascidos e isentar os pais da acusação de abandono de crianças. Também deveria evitar que pessoas de fora do estado levassem seus filhos para Nebraska na tentativa de fazer uso desse direito".[1]

Em 21 de novembro de 2008, último dia em que a lei porto seguro esteve em vigor para crianças de todas as idades, uma mãe de Yolo County, Califórnia, dirigiu quase dois mil quilômetros até o Hospital Kimball County, em Nebraska, onde deixou seu filho de 14 anos.

O que aconteceu em Nebraska levanta a questão: se não houver consequências, quantos de nós desistiriam dos filhos? Afinal, o abandono de crianças não é novidade, e certamente não é raro nos Estados Unidos. Mais de 400 mil crianças estão no sistema de assistência social à espera de um lar, milhares de pais abandonam seus filhos a cada ano, e alguns até devolvem seus filhos adotivos ao país de origem com bilhetes de desculpas presos no peito como listas de compras. Seja pelas dificuldades ou não, muitos americanos estão desistindo dos filhos.

Em fevereiro de 2009, alguém chamada Ann entrou no site Secret Confessions[2] e escreveu três frases: "Estou deprimida. Odeio ser mãe. Odeio ser dona de casa também". Três anos depois, os comentários ainda continuam fortes, com milhares de respostas — o site normalmente acumula mais ou menos dez comentários para cada "confissão". Nossa anônima Ann havia cutucado uma ferida aberta.

Uma mulher que engravidou aos 42 anos escreveu: "Odeio ser mãe também. Todo dia é a mesma coisa. E pensar que não vou me livrar disso antes dos 60 anos, e logo depois minha vida vai acabar". Outra, que se identificou apenas como k'smom, disse: "Eu me sinto tão presa, ansiosa e oprimida. Amo minha filha e ela está bem cuidada, mas esse não é o caminho que eu escolheria se tivesse uma segunda chance".

Gianna escreveu: "Amo meu filho, mas odeio ser mãe. É um trabalho ingrato, monótono, cansativo, irritante e opressivo. A maternidade parece uma pena de prisão. Mal posso esperar pela liberdade condicional quando meu filho fizer 18 anos e vá — tomara — para a faculdade". Uma mãe de Washington, D.C. disse que embora fosse contra o aborto antes de ter seu filho, agora "correria para uma clínica dessas" se engravidasse novamente.

As respostas — em grande parte de mulheres que se identificam como financeiramente estáveis — expressam algo menos explícito que razões clichê para a infelicidade das mães, como a pobreza e a falta de apoio. Essas mulheres simplesmente não sentem que a maternidade é tudo que se diz por aí, e se tivessem uma segunda chance, não teriam filhos novamente.

Algumas citaram o tédio de ser uma mãe que fica em casa. Muitas se queixaram de parceiros que não assumem sua parte na responsabilidade nos cuidados infantis. "Como a maioria dos homens, meu marido não faz muita coisa — se é que faz alguma — pelos cuidados com o bebê. Eu tenho que fazer e planejar tudo", escreveu uma mãe. Algumas engravidaram acidentalmente e foram pressionadas por seus maridos e namorados a levar a gravidez a termo, ou sabiam que não queriam ter filhos, mas sentiam que era algo que "deviam" fazer.

No entanto, o sentimento mais avassalador, era a sensação da perda de si mesma, a terrível realidade de que sua vida havia sido subjugada às necessidades de seu filho. DS escreveu: "Sinto como se houvesse perdido completamente tudo que era. Nunca imaginei ter filhos, e deixar a mim mesma de lado me faz sentir muito mal". A expectativa da maternidade total já é ruim o suficiente, e ter que vivê-la todos os dias é desesperador. Tudo que nos faz indivíduos, únicos, não importa mais. É nosso papel como mãe que nos define. Não mudou muita coisa.

"A mística feminina permite e até incentiva as mulheres a ignorarem a questão de sua identidade", escreveu Betty Friedan. "A mística diz que elas podem responder à pergunta 'Quem sou eu?' dizendo 'esposa de Tom', 'mãe de Mary'. A verdade é que — e não tenho certeza há quanto tempo isso vem sendo verdade, mas já era assim na minha geração e ainda é para as garotas que estão crescendo hoje — uma mulher americana já não tem uma imagem particular para lhe dizer quem ela é, ou pode ser, ou quer ser".

Quando publicou A *mística feminina*, Friedan argumentou que a imagem pública das mulheres era, em grande parte, a de vida doméstica — "máquinas de lavar, misturas para bolos, detergentes", todos vendidos por meio de anúncios publicitários e revistas. Hoje, as mulheres americanas têm mais imagens públicas de si mesmas que a de dona de casa. Nós nos vemos representadas na televisão, nos anúncios, filmes e revistas (para não mencionar a vida real!) como políticas, empresárias, intelectuais, militares e muito mais. Mas é isso que faz que a imagem pública da maternidade total seja tão insidiosa. Vemos essas imagens diferentes de nós mesmas e acreditamos que o padrão opressivo que Friedan descreveu está morto, quando, na verdade, ele simplesmente mudou de cara. Porque não importa quantos tipos diferentes de imagens públicas as mulheres veem em si mesmas, elas ainda são limitantes. Ainda são, em grande parte, representações da classe média alta, e ainda categorizam as mulheres como mães e não mães.

A cultura americana não pode aceitar a realidade de uma mulher que não quer ser mãe. Isso vai contra tudo que nos ensinaram a pensar sobre a mulher e como ela desesperadamente quer filhos. Se acreditarmos nos meios de comunicação e na cultura pop, as mulheres — mesmo adolescentes — estão sempre desesperadas por um filho. É nosso maior desejo.

A verdade é que a maioria das mulheres passa a maior parte da vida tentando não engravidar. Segundo o Instituto Guttmacher[3], quando uma mulher com dois filhos chegar aos quarenta e poucos anos, terá gastado apenas cinco anos tentando engravidar, estando grávida e evitando engravidar após o parto. Mas, para evitar engravidar antes ou depois desses dois partos, ela teria que se abster de relações sexuais ou usar métodos contraceptivos por uma média de 25 anos. Quase todas as mulheres americanas (99%) com idade entre 15 e 44 anos e que mantêm relações sexuais usam algum tipo de método anticoncepcional. E qual é a segunda forma mais popular de controle de natalidade depois da pílula? Esterilização. E agora, mais que nunca, as mulheres vêm escolhendo formas de contracepção de uso de longo prazo. Desde 2005, por exemplo, o uso do DIU aumentou em gritantes 161%. Isso é uma parte muito grande da vida e um grande esforço para evitar filhos!

Bem, é possível que essas estatísticas indiquem simplesmente que as mulheres modernas estão apenas exercendo mais controle sobre o momento e as circunstâncias de se tornarem mães. Em grande parte, isso é verdade. Mas não está de acordo com uma realidade ainda mais chocante: que metade das gestações nos Estados Unidos é involuntária. Ao levar em consideração a taxa de aborto e gravidez que termina em aborto, resta o fato surpreendente de que um terço dos bebês nascidos nos Estados Unidos não é planejado. Não tão surpreendente, porém, é que a intenção de ter filhos impacta de maneira definitiva o modo como os pais se sentem em relação a seus filhos, e como essas crianças são tratadas — às vezes, com resultados terríveis.

Jennifer Barber, uma pesquisadora na área populacional da Universidade de Michigan, estudou mais de 3 mil mães[4] e seus quase 6 mil filhos, de uma grande variedade de origens socioeconômicas. Barber e seus colegas perguntaram a mulheres que haviam dado à luz recentemente? "Antes de ficar grávida, você queria engravidar nesse momento?" Aquelas que responderam sim foram categorizadas como "intencional", e às que responderam não, perguntaram de novo: "Você queria filhos, mas não nesse momento ou não queria de jeito nenhum?". Dependendo da resposta, foram classificadas como "inoportuno" ou "indesejado". Mais de 60% das crianças estudadas foram relatadas como planejadas, quase 30% eram não planejadas ("inoportunas"), e 10% eram inequivocamente "indesejadas".

Os resultados da pesquisa de Barber mostraram que os filhos não intencionais — tanto os inoportunos quanto os indesejados — tinham menos recursos parentais que os filhos intencionais.

Basicamente, as crianças não planejadas não recebiam tanto apoio emocional e cognitivo como as planejadas — como relatado tanto pelos pesquisadores quanto pelas próprias mães. A pesquisa de Barber observou coisas como o número de livros infantis em casa, quantas vezes um dos pais lia para a criança ou lhe ensinava habilidades como contar ou declamar o alfabeto, para o aspecto "cognitivo". Para mensurar o apoio "emocional", desenvolveram uma escala que mede o "entusiasmo" e a "capacidade de resposta" da mãe, quanto tempo a família passa junta e quanto tempo o pai passa com a criança. No geral, crianças desejadas recebiam mais de seus pais que crianças não planejadas. As crianças não planejadas também eram sujeitas a uma criação mais dura e a mais medidas punitivas que um irmão planejado.

Barber aponta que esse tipo de padrão pode se dever ao estresse dos pais e à falta de paciência, "dirigida explicitamente a um filho indesejado", e que um filho inoportuno ou indesejado poderia elevar os níveis de estresse na interação dos pais com seus outros filhos também. Ela também diz que, além de negligência emocional benigna, a criação de crianças indesejadas também está associada a problemas de saúde infantil e a mortalidade, depressão materna, e, às vezes, abuso de crianças.

As taxas de abuso infantil nos Estados Unidos são surpreendentes, e temos o maior número de mortes por abuso no mundo industrializado. Segundo o grupo sem fins lucrativos Every Child Matters[5], a cada cinco horas uma criança morre vítima de abuso ou negligência nos Estados Unidos. A Agência da Infância do Ministério da Saúde e Serviços Humanos relata[6] que em 2010, mais de 3,6 milhões de crianças foram tema de pelo menos um relatório de abuso infantil. Mais de 17 mil dessas crianças foram mortas, a maioria assassinada por um ou ambos os pais biológicos. Em que idade as crianças são mais susceptíveis ao abuso? Do nascimento até um ano de idade.

A forma mais comum de abuso infantil, no entanto, é a negligência — 78% das crianças abusadas experimentam alguma forma de incúria. A negligência pode incluir qualquer coisa, como permitir que seu filho beba e use drogas, não prover serviços médicos necessários, ou estar desatento às necessidades emocionais de seu filho, ou ser incapaz de fornecer abrigo seguro ou alimentação adequada. A maioria dos pais considerados culpados de negligência tem uma séria falta de acesso a recursos. São muitas vezes pobres, e alguns têm seus próprios problemas físicos e emocionais ou estão em relacionamentos abusivos. Mas a pesquisa de Barber, juntamente com o elevado número de crianças americanas indesejadas e não planejadas, lança alguma luz sobre outras razões menos estruturais pelas quais os pais negligenciam e às vezes machucam seus filhos.

Analisar a paternidade intencional ou planejada também lança uma nova luz sobre a maior sutileza atual das obrigações dos pais (para melhor ou pior) que em anos anteriores.

A culpa da tendência à "orfandade" nos Estados Unidos, por exemplo, tem sido atribuída pelas mídias sociais conservadoras e principais correntes a tudo, desde o feminismo até determinados grupos socioeconômicos que não recebem apoio suficiente para promover o papel dos homens na vida das crianças. Embora a causa não seja tão clara assim, as estatísticas confirmam que há um problema grave de responsabilidade parental, tanto financeiro quanto pessoal, especialmente no que se refere aos homens. De acordo com o Censo dos EUA[7], apenas 41% de pais com a guarda dos filhos recebeu o valor total da pensão alimentícia devida em 2009, e ao todo, 35,1 bilhões de dólares em pensão eram devidos naquele ano.

De acordo com a National Fatherhood Initiative[8], nove em cada dez pais (pai e mãe) acham que há uma "crise de ausência do pai" nos Estados Unidos, e o governo parece concordar. O Departamento de Saúde e Serviços Humanos tem um projeto especial, a Câmara Nacional de Paternidade Responsável, dedicado a fazer que os homens americanos se envolvam mais com seus filhos. A campanha tem um site sobre "promessa dos pais" e um "blog do papai", e tem parcerias bem trabalhadas com agências de publicidade para lançar anúncios cativantes como "Aproveite o tempo para ser pai hoje", em uma campanha que visa homens latinos e afrodescendentes. A premissa é que a maioria dos pais que não é parte importante na vida de seus filhos simplesmente precisa de um pouco de incentivo.

Mas alguns pais acreditam que não cuidar dos filhos ou negar-lhe apoio financeiro é realmente um direito reprodutivo. Em março de 2006, uma organização chamada The National Center for Men (NCM) entrou com uma ação em um tribunal distrital de Michigan em nome de Matt Dubay, de 25 anos, técnico de informática de Saginaw, que não queria sustentar uma criança que "nunca teve a intenção de trazer ao mundo". A organização alegou que queria lutar pelos direitos dos homens de fazer escolhas reprodutivas — especificamente, declinar as responsabilidades da paternidade no caso de uma gravidez indesejada. A organização apelidou o processo de "Roe para homens", em referência ao caso "Roe contra Wade" que culminou na aprovação ao direito ao aborto nos Estados Unidos.

Em um comunicado à imprensa que saiu antes de o processo se arquivado, o NCM, escreveu: "Há mais de três décadas, quando o direito ao aborto foi aprovado nos Estados Unidos, as mulheres conquistaram o controle de sua vida reprodutiva, mas nada na lei mudou para os homens [...] Homens são rotineiramente forçados a desistir do controle, a ser financeiramente responsáveis pela escolha que apenas as mulheres estão autorizadas a fazer, forçados a renunciar à escolha reprodutiva como preço pela intimidade".

De acordo com Dubay, ele havia tido um curto relacionamento com a namorada (cerca de três meses), e enquanto esteve com ela, disse ter deixado claro que não estava pronto ou disposto a ser pai. Segundo ele, ela garantiu que não podia engravidar e que usava a contraceptivos por razões médicas. Depois que se separaram, no entanto, a mulher disse a Dubay que estava grávida, que pretendia levar a gravidez a termo e que esperava suporte financeiro quando a criança nascesse.

"Ela tem opções, que são negadas aos homens", disse Dubay a um repórter da MSNBC. "Nós não temos escolha, simplesmente temos que viver com o que as mulheres decidem".

Para Mel Feit, diretor do NCM, a questão não é que a namorada de Dubay tenha supostamente sido desonesta, mas que ela tinha escolha, e Dubay não. Para Feit, ele está simplesmente pedindo igualdade. Ele tem o hábito de dizer que a "escolha reprodutiva não é um direito fundamental se for limitado a pessoas com sistemas reprodutivos internos".

Então Dubay, com a ajuda de Feit, apresentou o argumento legal de que a Lei de Paternidade de Michigan violava o direito de Dubay a "proteção igual" sob a Décima Quarta Emenda, que garante que "nenhum Estado deve [...] negar a qualquer pessoa dentro de sua jurisdição a igual proteção da lei". Seu argumento foi que, ao permitir às mulheres uma maneira legal de se livrar da maternidade — o aborto —, mas negar esse mesmo direito ao pai, o direito de Dubay a igual proteção foi violado.

Mas o tribunal não concordou. Um juiz encerrou o caso em julho de 2006 e determinou que Dubay pagasse a pensão alimentícia, bem como as custas legais, a sua ex-namorada e ao estado de Michigan. A Corte de Apelações dos EUA manteve a decisão do estado no final de 2007, observando que o caso não tinha mérito, e que "não é um direito fundamental de qualquer pai, homem ou mulher, rescindir suas responsabilidades financeiras para com a criança após o nascimento". O tribunal também rejeitou a ideia de que o direito da mulher ao aborto é semelhante ao direito de um homem a recusar a paternidade: "No caso de um pai que busca optar por abandonar suas responsabilidades parentais, e assim evitar obrigações de suporte à criança, a criança já existe; portanto, o Estado tem uma participação importante no fornecimento de seu sustento".

Em resposta à perda, Feit queria levar o caso de Dubay à Suprema Corte, mas o jovem não queria mais seguir com a batalha. Intrépido, Feit encontrou um novo autor. Greg Bruell foi um caso mais convincente para a NCM, porque embora quisesse lutar pelo direito de não sustentar uma filha indesejada (que teve com uma namorada depois que se divorciou de sua esposa), também era um pai que ficava em casa com seu filho e sua filha. Ele disse a um repórter da revista *Elle*: "Estou perfeitamente disposto a assumir a responsabilidade de criar um filho, se essa for minha escolha [...] se for compulsório, torna-se impossível".[9] Mas, como com Dubay, o tempo cobrou seu preço, e Bruell aos poucos retomou seu relacionamento com sua ex e passou a sustentar voluntariamente a filha.

Hoje, a causa de Feit parece morta. Enquanto os tribunais ignoram seu "Roe para homens", Feit força a ideia de que casais devem assinar um contrato antes de fazer sexo, que determinaria o que fariam em caso de gravidez. Tal documento não seria juridicamente forçoso, mas Feit o considera um "protesto simbólico" contra a injustiça.

Outros que querem renegar responsabilidades parentais — aqueles que decidem "interromper" adoções — não enfrentam os mesmos obstáculos legais que homens como Bruell e Dubay, embora enfrentem o mesmo estigma. Quando Torry Hansen, de Shelbyville, Tennessee, embarcou seu filho adotivo de 7 anos de idade sozinho em um avião de volta a seu país natal, a Rússia, com nada além de um bilhete explicando que não queria mais criá-lo, tornou-se uma das mulheres mais vilipendiadas da América. Autoridades russas ficaram tão irritadas que suspenderam temporariamente todas as adoções para os Estados Unidos. De certa forma, ao que parece, já esperamos que os pais fujam de sua responsabilidade. Mas quando as mães o fazem, abalam o cerne do que nos ensinaram a acreditar sobre mulheres e instinto materno.

A antropóloga Sarah Blaffer Hrdy, em uma palestra em Utah, em 2001, argumentou, por exemplo, que o sexo feminino é visto como sinônimo de ter e nutrir tantas crianças quanto possível. Então, quando uma mãe abandona seus filhos, é vista como antinatural. Essa resposta simplista e emocional aos pais — mães, em particular — que desistem de seus filhos é parte da razão pela qual os americanos têm tanta dificuldade de lidar com a questão. Como Hrdy diz: "Nenhuma legislação pode assegurar que as mães amem seus filhos".

É por isso que programas que descriminalizam o abandono infantil — com limites de idade ou não — nunca vão chegar realmente ao cerne da questão. Como disse Mary Lee Allen, diretora de bem-estar infantil do Fundo de Defesa à Criança e da divisão de saúde mental: "Essas leis ajudam as mulheres a abandonarem seus bebês, mas não fazem nada para dar apoio a elas e às crianças antes que isso aconteça".[10] Infelizmente, discutir as questões estruturais nunca foi um ponto forte americano. Hrdy observa que os legisladores têm muito medo de focar soluções sensatas. "Falar sobre a origem do problema exigiria estrategistas políticos para discutir educação sexual e contracepção, isso para não citar o aborto, e para eles, as políticas sociais, mesmo sem sentido, são preferíveis à perspectiva de um suicídio político".

Se os políticos e as pessoas que se preocupam com a infância quiserem reduzir o número de crianças abandonadas, precisarão lidar com as questões sistêmicas: pobreza, licença maternidade, acesso a recursos e serviços de saúde. Precisamos incentivar as mulheres a exigirem mais ajuda de seus parceiros, se tiverem um. De certa forma, essa é a solução mais fácil, porque sabemos o que temos que fazer; as questões têm sido as mesmas há anos. O obstáculo menos óbvio é preparar emocionalmente os pais e apresentar imagens realistas da paternidade e da maternidade. Também é preciso reconhecer, de alguma forma, que nem todo o mundo deve ter filhos — quando ter filhos é algo determinado, não é totalmente considerado ou pensado e leva muito facilmente à ambivalência e infelicidade dos pais.

Vejamos Trinity, uma das mulheres que comentaram no Secret Confessions sobre odiar ser mãe. Ela escreveu: "Minha gravidez foi totalmente planejada e achei que era uma boa ideia na época. Ninguém fala das coisas negativas antes de você engravidar; todos nos convencem de que é uma ideia maravilhosa e que vamos adorar. Acho que é um segredo compartilhado entre os pais [...] eles são infelizes, e querem que você seja também".

Mantendo conversas mais honestas sobre ter filhos podemos evitar a depressão secreta que tantas mães parecem estar sofrendo. Se o que queremos é uma maternidade deliberada, meditada, planejada e esperada — e uma criação saudável e feliz para nossos filhos —, então temos que se manifestar.

OITO
Mães "ruins" vão para a cadeia

> Não existem pais perfeitos, assim como não existem filhos perfeitos.
>
> — *Mr. Rogers*

EM 10 DE ABRIL de 2010, Raquel Nelson, 30 anos, levou seus três filhos para comer pizza em uma festa de aniversário da família. Nelson, mãe solteira, também passou com as crianças em um Walmart antes de pegar o ônibus e voltar para casa. Depois de descer do ônibus, Nelson percebeu que havia perdido a baldeação, e o próximo ônibus só chegaria dali a uma hora. Seu prédio ficava atravessando a rua — uma movimentada auto-estrada de mão dupla —, então, ela e os outros passageiros do ônibus começaram a atravessar as pistas para chegar a casa. Sua filha mais velha atravessou em segurança e foi seguida por A.J., seu filho de quatro anos. Nelson seguia logo atrás com a filha de dois anos no colo. Ela, o filho e sua filha mais nova foram atingidos por uma van. O motorista fugiu; Nelson e sua filha ficaram feridas, A.J. morreu.

Apenas algumas semanas após o acidente, a polícia foi à casa de Nelson e a prendeu. Ela foi acusada de homicídio veicular culposo, de atravessar fora da faixa de pedestres e de conduta imprudente. Em julho de 2011, um júri considerou Nelson culpada do homicídio e das acusações de descuido, e a mãe enlutada enfrentou três anos de prisão. O motorista da van que atropelou Nelson e os filhos, Jerry Guy, tinha duas condenações por fugir de local de atropelamento e confessou ter bebido e tomado calmantes no dia do acidente. Ele se declarou culpado, foi condenado a cinco anos de prisão, mas cumpriu apenas seis meses. Portanto Nelson passou mais tempo na cadeia que o motorista bêbado que matou seu filho — tudo porque ela não atravessou na faixa de pedestres. Já passamos da simples pressão social para ser uma mãe perfeita; hoje, se você falhar como mãe pode ser presa. A história de Nelson é chocante, mas não é única. A cultura e a política americanas têm certo desprezo pelas mulheres consideradas "mães ruins" — da perseguição excessivamente zelosa aos pais até nossa obsessão nacional por mães adolescentes e mães que inscrevem filhas em concursos de beleza. Parte da busca pelo desempenho ideal dos pais é ser capaz de identificar aqueles que supostamente não estão à altura, e puni-los por isso.

Em "Bad" Mothers: The Politics of Blame in Twentieth-Century America, as professoras de história Molly Ladd-Taylor e Lauri Umansky confrontaram essa cultural punição às mães, observando que "o rótulo de mãe 'ruim' tem sido aplicado muito mais por mulheres cujas ações justificariam o título".

Elas comentam sobre a longa história de culpar mães por coisas que estão fora de seu controle. Por exemplo, na década de 1920, a comida picante e cheia de alho com que as mulheres imigrantes alimentavam seus bebês foi considerada um fator importante na mortalidade infantil. Até a década de 1950, mães superprotetoras eram consideradas a causa da homossexualidade masculina, e mães frias e distantes causariam distúrbios que hoje conhecemos como autismo e esquizofrenia.

Conforme a mortalidade infantil começou a cair, pais e especialistas começaram cada vez mais a culpar o ambiente pela morte e doenças infantis. "A morte infantil era evitável, se a mãe mantivesse a casa limpa e higiênica e seguisse os conselhos dos peritos". Com a melhoria na saúde da criança e o aumento de profissões como psicologia e pediatria médica, a atenção dos especialistas passou da saúde física ao desenvolvimento mental. A mudança teve consequências desastrosas para as mães", escreveram.

E quando a cultura mudou, mudou também a intensidade com que se culpavam as mães. Conforme profissionais especialistas em desenvolvimento infantil foram ganhando destaque e os papéis masculino e feminino mudando — em grande parte graças ao movimento feminista —, a crença de que o desenvolvimento, a saúde e o bem-estar das crianças eram inteiramente dependentes do que as mães faziam ou deixavam de fazer tornou-se culturalmente enraizada. Hoje, essa expectativa da maternidade perfeita — e o castigo que acompanha a transgressão — começa antes mesmo de as mulheres terem filhos.

ASSASSINATO POR CUIDADOS MATERNOS

Em janeiro de 2004, Melissa Ann Rowland, uma mulher de 28 anos, de West Jordan, Utah, foi acusada de homicídio culposo depois de se recusar a fazer uma cesárea e parir gêmeos, um dos quais era natimorto. De acordo com documentos judiciais, Rowland procurou atendimento médico porque não sentia seus gêmeos se mexerem. Depois de examiná-la, um médico do LDS Hospital, Salt Lake City, recomendou que fizesse uma cesárea imediatamente — seu líquido amniótico estava baixo, assim como os batimentos cardíacos dos fetos. Rowland, que tem problemas mentais, recusou-se e deixou o hospital. Disse a uma enfermeira que não queria o procedimento porque tinha medo de que os médicos a cortassem "do osso do peito ao osso púbico". Menos de duas semanas depois, Rowland chegou a outro hospital em trabalho de parto, onde finalmente concordou com uma cesárea. Rowland deu à luz um menino e uma menina — o menino nasceu morto.

Rowland está bem longe de ser exemplo de boa mãe. Ela já havia sido condenada por abuso infantil depois de dar um soco em sua filha em um supermercado, e admitiu o uso de drogas durante a gravidez. Mas a razão pela qual foi presa e acusada foi especificamente porque se recusou à cesárea. Katha Pollitt, colunista da revista *The Nation*, escreveu[1] sobre o caso: "A questão, na acusação de assassinato, é se as mulheres grávidas são pessoas ou recipientes: podem decidir o que se faz com seu corpo, que riscos correr, ou não? E o que vem depois? Mulheres que sofrem aborto espontâneo, ou cujos bebês nascem mortos ou doentes, serão presas por fumar ou beber durante a gravidez? Por não seguir as ordens do médico sobre dieta ou repouso? Por escolher fazer o parto em casa?".

O terreno escorregadio que preocupa Rebecca Kukla com respeito ao movimento "pré-gestação" já está aí, punindo as mulheres por não serem boas mães mesmo antes de seus bebês nascerem. Iowa considerou aprovar uma lei que tornaria o fumo durante a gravidez um crime passível de processo; em 2010, o estado prendeu uma mulher grávida que caiu de um lance de escadas, por tentar matar o feto, mesmo não havendo nenhuma evidência disso. Em 2005, um deputado da Virgínia tentou aprovar uma lei que obriga mulheres que sofreram abortos espontâneos a denunciá-lo à polícia em até doze horas ou enfrentar até um ano na cadeia. Em 2011, um projeto de lei na Geórgia exigia que todos os abortos espontâneos fossem investigados pela polícia para certificar que não haviam sido causados por qualquer "envolvimento humano". E em 2010, os legisladores de Utah tentaram aprovar uma lei que permitiria a prisão perpétua para mulheres que sofressem abortos após comportamento "irresponsável". Depois de franca oposição, os legisladores mudaram o projeto de lei, dizendo que só mulheres que cometessem atos "intencionais" que resultassem em natimortos ou abortos seriam processadas. Mas a linguagem deliberadamente vaga coloca todas as mulheres grávidas de Utah em perigo. Lynn Paltrow, diretora executiva da National Advocates for Pregnant Women, escreveu para o *The Huffington Post* sobre o projeto de lei[2]:

> O que significa isso? Sob essa lei, mulheres grávidas que "sabem" que seus medicamentos para câncer ou outros remédios prescritos oferecem risco de danos ou de perda da gravidez ainda podem ser presas. Mulheres grávidas que ficam com seus maridos abusivos, que "sabem" que eles podem ficar com raiva pela gravidez,

ainda podem ser presas nos termos dessa lei. As grávidas que continuam trabalhando em empregos que "sabem" que representam riscos para a gravidez ainda podem ser presas sob essa lei.

Paltrow, que frequentemente defende grávidas detidas sob essas leis incompletas e muitas vezes enigmáticas, disse-me que certas regulamentações — de leis de "proteção fetal" a legislação antiaborto — fizeram das mulheres grávidas cidadãos de segunda classe nos Estados Unidos. "Estão estabelecendo precedentes que desnaturalizam as grávidas", diz ela.

Quando o Texas promulgou uma lei de proteção pré-natal, por exemplo, um promotor local enviou uma carta a todos os hospitais de sua jurisdição exigindo que entregassem os prontuários de mulheres grávidas. Disse às administrações hospitalares que os registros tinham que ser liberados porque a promotoria agora estava livre para processar mulheres por qualquer coisa que pudesse ser visto como risco para o feto; quarenta mulheres foram presas posteriormente.

Conheci Paltrow em uma conferência que ela organizou em 2007 — a Cúpula Nacional para Garantir a Saúde e a Humanidade de Gestantes. Foi lá que ouvi Laura Pemberton, e onde percebi que as advertências de Paltrow sobre os direitos das mulheres grávidas e medidas punitivas para mães "ruins" estavam assustadoramente corretas. Pemberton, que percorria a sala de conferências com os filhos a tiracolo vestidos com roupas combinando, disse ao público presente, na maior parte ativistas a favor da escolha sobre ser pró-vida e religiosas, que por causa de uma experiência que teve em 1996, apoiou os esforços pró-escolha de Paltrow e de outros para derrubar as leis de proteção fetal.

Pemberton, que morava na Flórida na época, havia feito uma cesárea um ano antes, em 1995, com a qual concordara pela saúde do feto. Na gravidez seguinte, no entanto, quis ter seu bebê de parto normal. Não conseguia encontrar um médico que concordasse em fazê-lo — muitos médicos hesitam em fazer parto vaginal após cesárea. Então, depois de fazer algumas pesquisas e encontrar uma parteira, Pemberton decidiu, com sua família, que daria à luz em casa. Quando o trabalho de parto começou, tudo corria bem. A certa altura, no entanto, ela ficou desidratada e decidiu ir ao hospital para receber soro na veia.

As enfermeiras e o residente examinaram Pemberton e disseram que tudo parecia bem. No entanto, quando o médico assistente percebeu que Pemberton estava tentando um parto normal, recusou-se a lhe dar soro a menos que ela assinasse um termo de consentimento para cesárea. Pemberton perguntou o que aconteceria se ela assinasse o termo de consentimento, recebesse soro, e depois mudasse de ideia sobre a cirurgia. O médico respondeu que o hospital obteria uma ordem judicial obrigando-a à cesárea. A essa altura, uma simpática enfermeira que estava cuidando de Pemberton disse a ela que estava um caos nos corredores: o administrador do hospital teve que interceder, os advogados do hospital foram chamados para tentar obter uma ordem judicial. A enfermeira sugeriu que se Pemberton quisesse parir por via vaginal, que saísse do hospital pela porta dos fundos — e rápido.

Então, Pemberton, em pleno trabalho de parto, vestiu-se às pressas — tinha tanto medo de ser forçada a uma cesárea que não teve tempo de pôr os sapatos — e desceu dois lances de escadas nos fundos do hospital.

Já em casa, Pemberton disse que se sentia segura e "longe do caos". Mas, logo depois, o vice-xerife e o promotor público chegaram à casa dela e, literalmente, entraram no quarto em que ela estava em trabalho de parto.

"Eu implorei ao promotor que não me levasse", disse ela. "Eu tinha certeza de que não podia ser forçada a sair de minha própria casa". Ela ficou de cócoras, desesperada, na esperança de que o bebê ficasse no canal vaginal para que eles não a pudessem levar à força. Mas o promotor disse a Pemberton que um juiz havia emitido uma ordem judicial e que ela iria para o hospital.

"Eu não podia acreditar no que estava acontecendo. Não existe maneira alguma de uma pessoa ter o direito de fazer aquilo com outra. Era um pesadelo". Enquanto Pemberton tentava se vestir, um paramédico e o promotor a seguiam onde quer que fosse, temendo que fugisse. A seguir, colocaram-na em uma maca, amarraram seus braços e pernas e a levaram embora de ambulância.

"Eu me senti totalmente humilhada, e sabia, no fundo do coração, que o que estava acontecendo comigo estava errado", disse ela. Mais uma vez, enquanto Pemberton estava no banheiro do quarto de hospital se trocando, tentou fazer seu bebê sair — ela podia sentir a cabeça com a mão, mas as autoridades não permitiram que prosseguisse com o trabalho de parto naturalmente. Dois médicos, um xerife, dois advogados e um juiz entraram em seu quarto para fazer o julgamento ali mesmo (Um advogado havia sido nomeado para o feto — nenhum foi providenciado para Pemberton).

"Meu desejo de parir naturalmente não era apenas religioso, mas informado", alegou Pemberton aos presentes. Mas o juiz já havia se decidido. Disse que o feto estava no controle da situação e que era responsabilidade do Estado trazer o bebê ao mundo com segurança. Quando ela foi levada para a cirurgia, mais uma vez se recusou a assinar o termo de consentimento. Pemberton disse que se sentia estuprada pelo sistema e pelo Estado.

Mais tarde, quando Pemberton moveu uma ação por violação dos direitos civis, a Corte Distrital dos EUA na Flórida decidiu que "qualquer que seja o alcance dos direitos constitucionais pessoais da sra. Pemberton nessa situação, claramente não superam os interesses do estado da Flórida na preservação da vida do nascituro".

O "interesse do Estado" pelas crianças — mesmo as que ainda não nasceram — é manifesto nos Estados Unidos de forma muito mais punitiva que preventiva. Para Pemberton, isso significou cirurgia forçada — uma violação a sua integridade física. A Flórida tirou-lhe o direito não apenas de, como mãe, tomar uma decisão por seu filho, mas de, como pessoa, tomar uma decisão sobre sua própria saúde e segurança. Para algumas mulheres, isso pode significar que, mesmo seguindo as dicas sociais para serem "boas" mães, elas ainda podem ser punidas.

Vejamos o exemplo de Stephanie Greene of Campobello, de 37 anos, da Carolina do Sul.[3] Ela foi acusada de assassinar sua filha recém-nascida, Alexis, em 2010. Os promotores alegam que ela matou o bebê de cinco semanas de idade por *amamentá-la* — a mesma coisa que as mães americanas são encorajadas, até mesmo pressionadas, a fazer. Promotores da Carolina do Sul dizem que o leite materno de Greene continham quantidades letais de morfina, e que Alexis morreu de overdose. Greene toma opioides para dor e pressão arterial elevada, resultado de um acidente de carro. Ela não contou ao hospital onde deu à luz que estava tomando a medicação porque a Carolina do Sul tem um histórico de perseguição a grávidas que usam drogas, mesmo que legais e prescritas por um médico. Depois que Greene levou sua filha para casa, no entanto, contou a uma consultora de lactação do hospital sobre seus medicamentos, e ela a encaminhou a um site do governo que lista as drogas e sua segurança durante a amamentação. O site, assim como La Leche League, lista morfina como segura para mães que amamentam (Muitas mulheres, especialmente as que fazem cesáreas, tomam analgésicos nos dias e semanas após o parto e amamentam seus bebês). Antes de Alexis morrer, ela teve um resfriado — Greene ia informando o pediatra por telefone. No meio da noite, no entanto, o pai de Alexis, Randy, percebeu que o bebê estava frio e sem respirar. Greene fez massagem cardíaca infantil e Randy ligou para o 911, mas, quando os paramédicos chegaram, Alexis já havia morrido. Nove meses depois, Green foi presa por usar morfina durante a amamentação. Enquanto aguardava o julgamento, ela não teve permissão para ficar sozinha com seus três filhos, e em abril de 2014 ela foi sentenciada a 20 anos de prisão.

Emily Horowitz, professora de sociologia e justiça criminal do St. Francis College, em Nova York, estuda a cobertura midiática de crimes, falsas condenações e problemas enfrentados por mulheres presas. Escreveu sobre o caso de Greene:

> A ideia de uma mãe que ingere drogas e amamenta provoca indignação, e se o bebê de uma mãe que usa drogas morre, isso só aumenta[4] o pânico moral e demandas por justiça [...]. O pânico moral em adultos deliberadamente prejudica as crianças sob seus cuidados; é uma triste realidade dos tempos modernos.

Horowitz também apontou que algumas mães correm mais risco de escrutínio que outras — quanto mais marginalizada, mais "suspeita" é considerada como mãe. Raquel Nelson, por exemplo — que é negra — foi condenada por um júri todo branco (Depois de um protesto de grupos de justiça racial, sua sentença foi alterada para liberdade condicional e serviço comunitário). Mães negras e de baixa renda têm mais probabilidade de ser testadas para drogas em hospitais, investigadas pelo Serviço Social e relatadas como "suspeitas" em relação ao comportamento parental.

Em 2002, uma mãe de Meriden, Connecticut, foi presa e depois condenada por risco de lesão a um menor. Por quê? Seu filho de 12 anos de idade cometeu suicídio e o Estado disse que ela não fez o suficiente para ajudá-lo. Daniel Scruggs era um garoto problemático — usava roupas estranhas, não tomava banho com frequência e às vezes se sujava de terra na escola. Não chega a surpreender que ele também era vítima de intenso *bullying*, e especialistas dizem que este foi um fator importante para seu suicídio. A polícia disse que sua mãe, Judith Scruggs, mantinha a casa desarrumada e nunca fez nada assegurar a seu filho a ajuda médica e psicológica de que ele obviamente tanto precisava. Mas Scruggs não tinha tempo nem recursos financeiros para cuidar integralmente de Daniel; ela trabalhava setenta horas por semana em dois empregos — um no Walmart e outro como assistente de um professor. Seu advogado disse à *ABC News* em 2002: "Conforme seu contrato com a escola, ela não poderia se atrasar [...] e quando se tem dois empregos e se é o único sustento de dois filhos, cada centavo conta". A condenação de Scruggs foi anulada em 2006.

Mães negras ou mulheres de baixa renda são consideradas "ruins" mesmo quando fazem coisas consideradas de "boas" mães (brancas, de classe média alta), e são susceptíveis a serem punidas por causa de sua cor de pele ou classe.

Em 2009, Kelley Williams-Bolar[5], de 40 anos de idade, negra, mãe solteira de duas filhas, foi presa por mandá-las à escola no distrito escolar errado. Williams-Bolar, que mora em um conjunto habitacional em Akron, Ohio, e trabalha como assistente de ensino para crianças com necessidades especiais, mandava suas filhas à escola de um bairro melhor usando o endereço da casa de seu pai como sua residência. Burlar o sistema educacional não é novidade; é algo que pais brancos de classe média alta com frequência fazem, e com impunidade. Mas quando as autoridades de Ohio descobriram que as filhas de Williams-Bolar não moravam com o avô, mandaram que pagasse mais de 30 mil dólares de "taxas retroativas". Como ela não pôde pagar, foi acusada de roubo e condenada a cinco anos de prisão. Seu pai também foi acusado. Após grupos de ativistas expressarem indignação, sua sentença foi reduzida a dez dias de prisão, mas ambos, Kelley e seu pai, ainda enfrentam acusações criminais de adulteração de registros.

Da mesma forma, em 2011, Tanya McDowell[6], negra, mãe solteira sem-teto em Bridgeport, Connecticut, usou o endereço de sua babá para registrar seu filho de cinco anos de idade no jardim de infância em um distrito escolar melhor, em Norwalk. McDowell enfrenta vinte anos de prisão e uma multa de 15 mil dólares — tudo para tentar proporcionar a melhor educação possível para seu filho. Então, o que é preciso para ser uma "boa" mãe? Nada menos que compromisso total, uma completa negação de si mesmo. É por isso que a cultura americana ainda venera mães mártires. As mulheres que dão a vida para salvar seus filhos — especialmente os ainda não nascidos — são apontadas como a mãe ideal. Vejamos o exemplo de Stacey Crimm. Ela recebeu o diagnóstico de câncer[7] durante a gravidez, recusou a quimioterapia, e subsequentemente morreu depois de uma cesárea de emergência, que salvou sua filha, de um quilo. Sua história é só uma de muitas com a manchete "O maior presente de uma mãe".

Jenni Lake, de dezessete anos, de Idaho, tinha uma história similar. Apenas duas semanas depois de descobrir que tinha câncer, percebeu que estava de dez semanas de gravidez. Decidiu abandonar o tratamento de câncer e morreu doze dias depois de parir um menino. Ela teria dito a uma enfermeira: "Pronto, já fiz o que tinha que fazer. Meu bebê vai ficar aqui em segurança".[8]

O melhor tipo de mãe é aquele que dá sua vida — literalmente — pelo filho. Não poderia haver mais clara — ou mais preocupante — mensagem. Se quisermos ser boas mães, teremos que desistir de nós mesmas — de nossa liberdade, da noção de individualidade, de nossas carreiras, até de nossa vida. É essa expectativa, esse padrão cruel e incomum, que leva muitas mães americanas a se torturar por não manter um padrão impossível, e que pune, de forma bizarra, as mulheres que se afastam muito desse ideal.

NOVE
Mulheres inteligentes não têm filhos

> Poderiam essas mulheres sem filhos serem arautos de um novo mundo, no qual tê-los seja considerada uma escolha ativa, e não simplesmente o estado padrão da idade adulta? Talvez as gerações futuras vejam fenômenos, como o útero de Jennifer Aniston nos tabloides, como obsessão, e se perguntem como era possível que uma pessoa se importasse tanto, já que algumas mulheres optavam por não ter filhos.
>
> — *Amanda Marcotte em artigo para a revista Slate*[1]

EM 2010, um estudo do Pew Research Center[2] mostrou que a taxa de mulheres americanas que não tinham filhos quase dobrou desde 1976. Isso é quase uma a cada cinco mulheres hoje, em comparação com uma a cada dez há trinta anos atrás. O estudo também mostrou que a atitude americana em relação às mulheres que escolhem não ter filhos é mais de aceitação que em anos passados, e a maioria das pessoas discordou que pessoas sem filhos "levam vidas vazias" — e uma porcentagem significativa, de 41%, concordou com o sentimento. Em uma pesquisa de 2009, 38% dos americanos disseram que sentiam que a tendência a não ter filhos era "ruim para a sociedade", quase 10% a mais que em uma pesquisa de apenas dois anos antes.

Embora os Estados Unidos estejam fazendo progressos em termos de ver as mulheres para além de seu aparelho reprodutor, o estigma em torno da vida sem filhos ainda está vivo e goza de boa saúde. As mulheres que não têm filhos ainda são largamente vistas como uma anomalia, na melhor das hipóteses; e na pior das hipóteses, tristes e egoístas. Mas, estigmas à parte, parece que elas estão se divertindo. Robin Simon, professor de sociologia da Universidade Estadual da Flórida e pesquisadora sobre a criação de filhos e felicidade, disse ao site *The Daily Beast,* em 2008[3], que pessoas com filhos "experimentam níveis mais baixos de bem-estar emocional, emoções positivas menos frequentes e emoções negativas mais frequentes que seus pares sem filhos. Na verdade, nenhum grupo de pais — casados, solteiros, padrastos ou madrastas, ou até pessoas com filhos que já saíram de casa — relataram significativamente maior bem-estar emocional que pessoas que nunca tiveram filhos", disse ela. "É uma descoberta muito absurda, porque temos a crença cultural de que os filhos são a chave para a felicidade e uma vida saudável, e não são".

Talvez seja hora de perguntar: Será que as mulheres que não têm filhos sabem algo que as mães não sabem?

Laura Scott, autora de *Two Is Enough: A Couple's Guide to Living Childless by Choice*, diz que a razão número um de as mulheres dizerem não querer ter filhos é por não querer que sua vida mude. Scott realizou um estudo de dois anos com mulheres sem filhos. Das entrevistadas, 74% disseram que "não tinham desejo algum de ter filhos, nenhum instinto materno". Outras razões para não querer filhos: adorar o relacionamento que tinham do jeito que estava"; valorizar a "liberdade e independência"; não querer assumir a responsabilidade de criar um filho; desejar concentrar tempo e energia "em meus próprios interesses, necessidades e objetivos"; e querer realizar as "coisas na vida que seriam difíceis de fazer se eu tivesse filhos".

"Ter filhos não é mais o padrão", disse Scott. "Para muita gente, não é mais uma hipótese — é uma decisão. Há uma tendência de mulheres e homens nos Estados Unidos a adiar intencionalmente a gravidez".

Scott diz que começou a pesquisa como parte de sua própria jornada pessoal, depois de ter decidido não ter filhos e de ter que lidar com críticas virulentas. "Todo o mundo disse que eu ia mudar de ideia, que quando chegasse aos 30 anos ia querer filhos. Mas isso nunca aconteceu para mim", disse ela. "Eu quis saber — e entender por que —, visto que havia outros homens e mulheres que simplesmente não tinham desejo de ter filhos".

E isso era o que faltava no estudo do Pew — a pesquisa que *não fizeram*, sobre as taxas de homens que não tem filhos. Ter filhos ainda é visto como um esforço especificamente feminino, e apesar do fato de que homens e mulheres optam por não ter filhos, os americanos ainda focam inteiramente na decisão das mulheres acerca do assunto.

Uma das coisas mais surpreendentes que Scott encontrou em sua pesquisa foi quantos homens buscavam ativamente uma vida sem filhos — diz ela que os poucos homens com quem falou haviam feito vasectomia na casa dos 20 anos. As mulheres, por outro lado, tinham dificuldade de encontrar médicos que realizassem o procedimento sem que elas fizessem aconselhamento ou terapia primeiro. Scott também disse que as mulheres sofrem mais pressão contrária quando dizem aos amigos e familiares que não querem ter filhos.

"Parece existir o pressuposto de que as mulheres são naturalmente maternais e desejam filhos, mas os homens menos".

Para os homens que tomaram a decisão de não terem filhos, na maioria das vezes o ceticismo tomava a forma de curiosidade e preocupação de que não encontrassem parceiras que também não quisessem filhos. Scott também observou que muitos dos homens tinham respostas mais positivas de pais que as mulheres. Diziam-lhes coisas como: "Você está certo por não ter filhos, é realmente difícil". As mulheres, no entanto, não obtêm esse tipo de validação.

Scott diz que o fato de que as pesquisas se concentrarem exclusivamente nas mulheres ignora a realidade de que ter filhos vem "tendendo a um modelo coparental".

"Não podemos partir do pressuposto que as mulheres são o principal responsável", diz Scott. "Precisamos desafiar a ideia de que as mulheres são inerentemente maternais ou biologicamente orientadas a ter filhos".

Biologia à parte, ainda são as mulheres que assumem a maioria dos cuidados infantis, e é a vida delas que muda mais quando chega um filho. Somos mais propensas a nos afastarmos do trabalho, ou a parar de trabalhar totalmente; somos as que fazem a maior parte do trabalho doméstico, que cuidam dos filhos, que fazem o trabalho mental (temos fraldas suficientes? Quando foi a última consulta com o médico?); e as mulheres são mais propensas a arcar com o custo econômico de ter uma família.

A Dra. Tanya Koropeckyj-Cox, professora de sociologia na Universidade da Flórida, disse[4] que algumas mulheres podem não ter filhos por conta da desigualdade de papéis entre homem e mulher na criação das crianças. "Estudos têm demonstrado que os homens tendem a experimentar fortes recompensas econômicas e sociais por serem pais, ao passo que as mulheres experimentam mais pressões, mais exigências da imediata realidade diária da criação dos filhos, e um trabalho de malabarismo", disse ela.

Essas diferenças de pressão e demandas podem ser, em parte, a razão de a maioria das mulheres que optam por não terem filhos estarem entre as mais altamente escolarizadas e bem-sucedidas do país. O relatório do Pew de 2010 mostrou que as mulheres mais escolarizadas ainda são, nos Estados Unidos, o grupo que mais provavelmente não terá filhos: em 2008, 24% das mulheres com idade entre 40 e 44 anos que são profissionais liberais (isto é: médicas e advogadas), possuem mestrado ou doutorado não tinham filhos. As taxas entre estes grupos foram semelhantes — 25% das mulheres com mestrado e 23% das profissionais liberais ou com doutorado não tinham filhos.

Nancy Folbre, professora de economia da Universidade de Massachusetts, em Amherst, escreveu no *The New York Times*[5] que o ensino superior pode fornecer acesso a empregos mais flexíveis, e mulheres em cargos técnicos ou de gestão que têm filhos são mais propensas que as outras mães que trabalham a reduzirem seu horário de trabalho quando têm um filho. Mas, mais formação pode significar também maior nível de sucesso profissional; e com mais responsabilidades na vida pública, as tarefas domésticas podem ser uma sobrecarga. Essa pode ser uma das razões pelas quais mulheres que estão no alto da escada corporativa, ou no serviço público, são mais propensas a não terem filhos — em parte por escolha, mas também por conta das circunstâncias. Koropeckyj-Cox especulou que algumas mulheres podem optar por renunciar à maternidade por conta da dificuldade inerente ao duplo papel de mãe e mulher que trabalha.

Um estudo de 2010, fora da Universidade de Chicago[6], que observou graduados em negócios e suas trajetórias de carreira, mostrou, por exemplo, que as mulheres eram muito mais propensas a tirar folgas que suas contrapartes masculinas. Mulheres se afastavam ou trabalhavam em tempo parcial, na maior parte, para cuidar dos filhos; como resultado, quinze anos depois de se formar, os homens do estudo ganhavam 75% a mais que as mulheres. O único grupo de mulheres que teve carreiras semelhantes às dos homens no estudo foi o das que não tinham filhos.

Os autores do estudo escreveram: "A presença de filhos é o principal fator contributivo para menor experiência de trabalho, maior descontinuidade na carreira e menos horas de trabalho para MBAs do sexo feminino. Nos primeiros quinze anos após o MBA, mulheres com filhos têm um déficit de cerca de oito meses em real experiência em comparação com o homem médio, ao passo que mulheres sem filhos têm um déficit de 1,5 mês". Também encontraram que mulheres com filhos geralmente trabalhavam 24% menos horas semanais que os homens, enquanto mulheres sem filhos trabalhavam apenas 3% menos horas.

Os resultados do estudo — e o pressuposto de que seus dados significavam que mães tinham menos probabilidade de sucesso — foram heterogêneos. A organização Catalyst[7], cuja missão é promover o papel das mulheres no mundo dos negócios e no local de trabalho, apontou seu próprio estudo "Mulheres e Homens na Liderança Corporativa nos Estados Unidos" que a maioria das funcionárias de nível sênior era casada tinha filhos. Também apontou que das catorze mulheres CEOs da *Fortune 500*, doze têm filhos.

"Culpar a desigualdade em fatores como a maternidade obscurece uma verdade simples: preconceitos arraigados e estereótipos sexistas impactam *todas* as mulheres", disse a Catalyst em comunicado. "Desvirtuar essa realidade não resolve o problema. Distrai a todos nós — incluindo as empresas, que perdem grandes talentos — da abordagem ao núcleo da desigualdade". Acho que ninguém discordaria que todas as mulheres enfrentam o sexismo no local de trabalho, mas os dados sobre mulheres com e sem filhos é difícil de ignorar.

Kristin Rowe-Finkbeiner, diretora executiva da MomsRising.org, há muito tempo aponta que a diferença de remuneração de mães é muito real. Mulheres que não têm filhos ganham 90 centavos para um dólar dos homens; mulheres com filhos ganham 73 centavos para cada dólar masculino. E não esqueçamos o estudo da Universidade de Cornell que mostrou que uma mulher sem filhos tem duas vezes mais chances de ser contratada que uma mãe com o mesmo currículo — e lhe oferecem 11 mil dólares anuais a mais de salário inicial.

As mulheres com filhos também sofrem no ambiente de trabalho de diferentes formas, coisa que não ocorre com os homens. Homens com filhos muitas vezes têm uma mulher (seja em casa ou no trabalho) que assume a maior parte do cuidado da criança. Esse apoio em casa liberta os homens para trabalhar mais horas e para fazer *networking* fora do trabalho e do horário de expediente — jogos de golfe, happy hours e squash não faltam. Para as mulheres com filhos em casa, no entanto, é imensamente raro que tenham o mesmo apoio de seus maridos.

Mulheres americanas com filhos têm o "segundo turno" em casa — os cuidados infantis, o trabalho e as responsabilidades domésticas, além de seu trabalho fora de casa. Arlie Hochschild introduziu essa ideia de horas de trabalho extra em seu best seller de 1989, *The Second Shift: Working Parents and the Revolution at Home*. Hochschild — cujas ideias ainda hoje detêm verdade, infelizmente — escreveu que as mulheres estão lidando com uma "revolução estancada". Quando as mulheres saíram de casa para trabalhar, suas responsabilidades domésticas não desapareceram, simplesmente mudaram para depois do expediente. Ela argumentou que o trabalho das mulheres é visto como emprego, enquanto o dos maridos é visto como carreira; de modo que o trabalho remunerado das mulheres é desvalorizado e visto como o mais dispensável na relação.

Essa disparidade está além da compreensão das mulheres — que podem decidir que, para ter sucesso, precisam renunciar ou parar de ter filhos. Isso também pode explicar por que as mulheres tendem a aceitar mais não ter filhos que homens — elas entendem por que, para algumas mulheres, tentar "fazer tudo" em um sistema injusto não vai dar certo.

A pesquisa de Koropeckyj-Cox sobre as atitudes em relação às mulheres sem filhos, publicada no *Journal of Marriage and Family*, indica que as mulheres ficam geralmente mais confortáveis com a ideia de não ter filhos que os homens. Seu estudo, com base em pesquisas coletadas em dois estudos nacionais de larga escala, mostrou que, "em um nível básico, para homens e mulheres, ter filhos e ser pais significam coisas diferentes. As respostas indicam uma maior aceitação de não ter filhos, especialmente entre as mulheres, como um possível caminho de vida, seja escolhido ou moldado pelas circunstâncias". Talvez as mulheres entendam as desvantagens e sacrifícios de ter filhos de uma forma que os homens não entendem. Mesmo no mais igualitário relacionamento, alguma coisa muda quando os filhos entram em cena — especialmente para os casais heterossexuais.

Andie Fox, criadora do blog Blue Milk, diz que como ela tinha uma parceria de igualdade com o homem que se tornaria o pai de seus filhos, a desigualdade que se manifestou quando as crianças nasceram foi uma imensa — e indesejável — surpresa. "É um choque quando você planeja a igualdade em seu relacionamento — e isso com um homem que *quer* ser mais igualitário e mais justo. No entanto, nós ainda caímos constantemente em divisões desiguais e tradicionais do trabalho", disse ela.

Fox, que é a única mãe em seu local de trabalho, diz: "Acho que existem incríveis obstáculos para mães em termos de integração de suas funções maternas com as do trabalho; esse tipo de tensão é insustentável, vamos ter que dar um jeito. Vamos olhar para trás daqui a cem anos e pensar 'isso é ridículo'".

Para algumas mulheres, não é apenas a desigualdade em casa ou no trabalho que influencia sua decisão de não ter filhos, mas a desigualdade no país em geral. A ativista e escritora Melissa McEwan escreveu[8] que nunca quis ter filhos, mas que ficou mais claro para ela, quando foi ficando mais velha, que essa decisão também decorre da maneira como as mulheres e as mães são tratadas pela sociedade e a política sexistas. Aponta o ataque aos direitos reprodutivos das mulheres — com base na ideia de que todas as mulheres devem ser mães, mesmo que à força — como algo que moldou sua tomada de decisão. Ela escreve:

> Não quero filhos porque afetuosamente quero uma escolha, porque ardentemente desejo autonomia, porque desesperadamente quero minha plena humanidade. Entendi, de forma intuitiva, desde uma idade muito precoce, que nesta cultura, nos espaços em que me movo, ter filhos é diluir meu valor como ser humano, mesmo que isso aumente meu valor como mulher. Pela primeira vez, considero a possibilidade de não saber se quero ter filhos ou não. Tudo que sei com certeza é que não terei. Não desse jeito.

Mas, por que analisar as razões de as mulheres decidirem não ter filhos? Por que a necessidade de explicação? Afinal, as pessoas raramente perguntam aos pais por que decidiram ter filhos — seria considerado estranho e meio rude. Mas, quando se trata de mulheres sem filhos, perguntar sobre sua vida privada e seu relacionamento é visto como perfeitamente aceitável socialmente.

Lisa Hymas, editora de um blog sobre meio ambiente, escreveu que sua decisão de não ter filhos se devia, em parte, a sua política verde, mas também ao que ela estaria perdendo. "Os pais perdem muito: tempo e energia emocional que poderiam investir em amizades e em um relacionamento afetivo; espaço para se concentrar em uma carreira, ou nos estudos, ou em passatempos; viagens realmente impulsivas, de lazer ou de aventura; oito pacíficas horas ininterruptas de sono por noite; *brunches* na padaria aos domingos."9

Embora a decisão de Hymas tenha se baseado em razões pessoais e políticas cuidadosamente analisadas, ela ainda é acossada por sua escolha de não ter filhos.

Em fóruns de mulheres sem filhos (ainda estou para ver um espaço igual para homens sem filhos), o assunto mais debatido é a necessidade de justificar constantemente sua decisão, algo que as mães nunca têm que fazer. As críticas são tão comuns que as participantes desses sites se referem aos previsíveis questionamentos de sua escolha como "Bingo da procriação" (Dá para preencher uma cartela inteira de bingo de tantas vezes que se ouve frases do tipo: "As crianças são nosso futuro!"; "Você não quer dar netos a seus pais?").

Basta observar as manchetes da mídia para ver por que elas são tão defensivas. Em um quadro do programa *Today*, perguntaram: "É errado uma mulher não querer ter filhos?". A manchete de uma matéria do canal MSNBC dizia: "Não querer filhos é uma escolha egoísta?".

Em um fórum chamado The Childfree Life, Annabelle86, que vive na região dos Grandes Lagos na Pensilvânia, disse que as pessoas em sua região "esperam que mudemos de ideia". Ela escreve:

A maioria das meninas com quem me formei estão tendo filhos a torto e a direito, e quando exponho minha opção de não ter filhos, sinto como se as pessoas dessem tapinhas em minha cabeça e dissessem que sou nova ainda, que vou mudar de ideia. Quando decidi fazer a laqueadura, houve pânico para me convencer a mudar de ideia, mas estou muito cansada das pessoas que não levam a sério minha escolha. Se outras jovens de 25 anos têm idade suficiente para fazer a permanente escolha de vida de ter filhos, eu sou velha o suficiente para decidir que nunca vou querer tê-los.

Outra participante, Jessica Wabbit, da Virgínia, escreveu que recebe, na maioria, expressões confusas quando diz às pessoas que não quer ter filhos. "Acho que nunca lhes ocorreu que ter filhos é uma escolha".

E essa é a questão que Laura Scott, autora de *Two Is Enough*, diz achar realmente perturbadora: que muitas vezes ela fala com mulheres que dizem que não sabiam que tinham escolha. "Eu vejo muito isso — as mulheres sentem muita pressão externa e não possuem sentimentos de ambivalência em relação a ter filhos", disse. Muitas dessas mulheres — como as que acabam em fóruns anônimos falando como odeiam ser mães — acabam profundamente infelizes.

"Todo o mundo já viu mulheres que tiveram filhos não planejados e que não estão prontas para o papel de mãe. Elas têm sentimentos de culpa por serem péssimas mães e se torturam".

A intenção de ter filhos impacta diretamente na felicidade dos pais e no modo como tratam as crianças — ainda que esse papo continue a ser tabu. "Há uma desconexão — não questionamos aquelas que têm filhos sobre quão sábia foi sua decisão, mas constantemente questionamos as que não têm filhos sobre a sabedoria de sua escolha", diz Scott.

Dada a realidade da paternidade indesejada e da infelicidade dos pais, poderíamos pensar que mulheres e homens que tomam a decisão de não ter filhos — que deliberada e conscientemente escolhem não trazer outra pessoa ao mundo — seriam vistos como menos egoístas que aqueles que têm filhos sem pensar. No entanto, o estigma permanece.

Scott, por exemplo, sente-se esperançosa. Ela acredita que há mais suporte para tomar decisões intencionais sobre paternidade do que havia há vinte anos. "Podemos concordar que a paternidade intencional levará a um resultado melhor que a não intencional".

O estudo do Pew mostra um pouco desse otimismo. Em 1990, 65% das pessoas diziam acreditar que filhos eram essenciais para um bom casamento; hoje, apenas 40%.

Além disso, 46% do público diz que não faz diferença em termos de impacto social se as mulheres não tiverem filhos. Por isso, talvez a maré esteja virando. "O que espero é que reconheçamos que temos escolha, e que não importa o que escolhamos, é perfeitamente possível ter uma vida plena, rica e cheia de propósito", diz Scott.

Ceticismo ou aceitação à parte, e escolha de mulheres — e homens! — de não terem filhos chegou para ficar, e assumir que ter filhos é o padrão em vez de um processo de tomada de decisão deliberada não apenas é míope, mas prejudicial.

DEZ
A morte da família nuclear

> Eu me sustento com o amor da família.
>
> — *Maya Angelou*

> Uma família disfuncional é qualquer família com mais de uma pessoa.
>
> — *Mary Karr, The Liars' Club*

REBECA SPICUGLIA diz que quando engravidou, aos dezessete anos, o aborto não era uma opção. "Fui criada por uma família fanática religiosa. Devo ter considerado brevemente dar o bebê para adoção". Seu relacionamento era recente, e havia sido sua primeira relação sexual. Então, Spicuglia foi morar com seu namorado, e dez dias depois de ter seu filho, Oscar, eles se casaram.

O casamento de Spicuglia não durou muito; ela diz que eles eram pessoas muito diferentes. Diz que depois que ele voltou de uma viagem ao México, começaram a se desentender. Então ela se mudou de sua casa, em Santa Maria, Califórnia, para a faculdade na Universidade da Califórnia, em Berkeley. Até então, a divisão das responsabilidades na criação de Oscar era muito igualitária, diz ela. Oscar vivia com ela, mas seu ex sempre se envolveu e até passou vários meses no México com o filho. Então, quando ela se mudou para Berkeley, não foi problema fazer o acordo verbal de que Oscar ficaria em Santa Maria com o pai e sua família até que Spicuglia conseguisse acomodação familiar na faculdade.

Mas levou muito tempo para que o nome dela fosse sorteado na loteria de acomodação familiar. "Eu fazia faculdade integral, trabalhava trinta horas por semana, e estava a quatro horas de casa", disse Spicuglia. Como tinha que trabalhar nos fins de semana em um restaurante, só conseguia ver Oscar uma vez por mês. Ela diz que foi estranho: "Eu me sentia mãe, mas não parecia mãe para ninguém ao meu redor". Só mais de um ano depois Spicuglia finalmente conseguiu acomodação familiar.

Quando ela disse ao ex que estava pronta para levar Oscar para morar com ela, ele disse não. "Ele disse que o amava e sentia que poderia cuidar melhor dele, já que eu estaria na faculdade e ele tinha família ali". Também disse a Spicuglia que não a deixaria ver Oscar enquanto ela não concordasse com esse arranjo. "Percebi que eu não tinha poder nessa situação — nosso acordo era verbal, e Oscar estava morando com o pai havia um ano", diz ela. "Eu não tinha família, apoio financeiro ou recursos legais; não sabia por onde começar". Spicuglia percebeu que, se quisesse lutar por Oscar, teria que abandonar a faculdade. Ela também não tinha dinheiro para pagar um advogado. Ficou arrasada.

"Mas meu lado lógico questionava: *o pai dele está certo?*" Com o pai, Oscar tinha uma grande família na cidade, e estava feliz e estável. Spicuglia diz que se sentia em conflito quanto a desarraigá-lo. "Eu não ia levar o pai de Oscar ao tribunal de família e gastar milhares de dólares — e fazer o filho passar por isso — só porque queria meu filho", diz ela. "Eu me senti muito egoísta".

Após ceder a guarda de seu filho a seu ex-marido, e depois de se formar, Spicuglia se mudou para Nova York a trabalho. Hoje, ela tem 33 anos de idade e diz que o arranjo com seu ex sobre a guarda do filho está dando certo. "Meu filho é o maior viajante de todos em sua classe; já foi para Nova York, San Francisco, Paris, México", diz ela.

"É difícil, mas meu pai me criou com a crença de que você é um modelo melhor para seus filhos quando segue seus sonhos e objetivos — e Oscar está feliz e seguro". Spicuglia se dá bem com seu ex e eles têm guarda compartilhada, o que significa que ela está igualmente envolvida nas decisões sobre os cuidados de Oscar.

Recentemente, Spicuglia começou a falar publicamente sobre sua vida como mãe sem a guarda do filho. Escreveu artigos e apareceu em uma edição da *Marie Claire* sob uma matéria com título um tanto infeliz: "Que tipo de mãe deixa seus filhos?"[1]. Antes, ela se preocupava com o que as pessoas iam dizer. "Como sociedade, temos a ideia de que se você não vive com seus filhos, não é uma boa mãe, que não os ama, não os quer, ou não pode cuidar deles", diz ela. "Os pais enfrentam seus próprios problemas, é claro — mas é esperado que não tenham a guarda". Spicuglia agora dirige um grupo, com sede em Nova York, para pais sem a guarda dos filhos, bem como um blog e uma comunidade online onde as pessoas de todo o país, especialmente mães, compartilham suas histórias.

Malinda Temple escreveu, por exemplo, sobre o dia em que deixou de ter a guarda de seus dois filhos, de 5 e 3 anos de idade. Ela escreve que ficou em casa desde o nascimento dos filhos, e que desde que tomou sua decisão já ouviu

> inúmeros comentários raivosos de familiares, amigos e conhecidos. Quando eu e meu marido nos separamos, eu e meus dois filhos fomos morar com meus pais, sem carro e sem renda. Como eu não trabalhava fora havia oito anos, arranjar um emprego era cada vez mais difícil — eu estava um caco em termos emocionais, completamente incapaz de sustentar meus filhos, financeira ou emocionalmente. Meu ex-marido podia sustentar financeira e emocionalmente nossos filhos, proporcionando-lhes a estabilidade que eu não podia lhes dar. Assim, depois de muita reflexão, oração e conselho, tomei a decisão de que o que era melhor para meus filhos não era o que a sociedade espera, e certamente não era meu próprio desejo maternal.

Spicuglia — que está escrevendo em um livro — diz: "Minha esperança é que possamos desvincular o gênero das expectativas parentais. Metade dos casamentos acaba em divórcio; casamentos produzem filhos, e pais sem a guarda são um subproduto natural do processo. O fato de esse estigma persistir é arcaico. Não é bom para as crianças, para os pais, e não reflete a sociedade em que vivemos".

Na verdade, não mesmo. A família hoje está muito diferente do que era há trinta anos. A família nuclear tradicional — heterossexuais casados, com filhos biológicos obtidos da maneira tradicional — está se tornando uma coisa do passado. E é hora de a cultura e a política americanas se atualizarem.

SE QUISER CRIANÇAS FELIZES, DÊ-LHES MÃES LÉSBICAS

Se quiser o melhor para seus filhos, um jeito infalível de lhes proporcionar uma vida saudável e um lar feliz, assegure-se de que tenham mães lésbicas. No mais longo estudo sobre famílias lésbicas até hoje[2], zero por cento das crianças relataram abuso físico ou sexual — absolutamente nenhuma. Na população em geral, 26% das crianças relatam abusos físicos e 8,3% abuso sexual.

Quando a notícia surgiu, as respostas foram heterogêneas: espalhou-se como fogo entre os grupos LGBT e agências de notícias; a mídia a relatou como a mais recente notícia sobre pais LGBT em paridade de condições com pais heterossexuais, e — claro — grupos conservadores esmiuçaram o estudo, tentando encontrar razões para estar incorreto.

Independente das reações, o estudo, sem dúvida, colocou mais um prego no caixão da noção tradicional de que as crianças precisam tanto de uma mãe quanto de um pai. Essa pesquisa foi apenas um estudo de uma longa linha de trabalho mostrando que filhos de pais do mesmo sexo são tão bem ajustados e felizes quanto os criados por pais heterossexuais.

Uma revisão de cinco anos de 81 estudos parentais, publicada em 2010 no *Journal of Marriage and Family*[3], por exemplo, relatou que crianças criadas por pais do mesmo sexo são "estatisticamente indistinguíveis" das criadas por pais heterossexuais em termos de autoestima, acadêmicos e de ajustamento social. A Academia Americana de Pediatria, a Liga da Infância da América, a Associação Nacional de Assistentes Sociais, a Associação Médica Americana e a Associação Americana de Psicologia, todas concordam que casais do mesmo sexo são tão aptos para serem pais quanto seus homólogos heterossexuais.

Hoje, a família "perfeita" não é mais a mesma.

Nos Estados Unidos, 29,5% das crianças vivem em famílias monoparentais (10% a mais que em 1980) e 40,6% das crianças nascem de mães solteiras (mais 22% desde 1980).[4] A maioria dessas mães solteiras, na verdade, tem relacionamentos, e um estudo de Princeton e Columbia, que acompanhou mais de 5 mil crianças desde o nascimento, constatou que mais de 50% dos pais não casados estudados estavam vivendo juntos no momento que o bebê nasceu, ao passo que 30% mantinham um relacionamento, mas não viviam juntos.[5]

O uso da tecnologia reprodutiva por héteros, gays, casais que moram juntou ou não está em ascensão, e o modo que os americanos escolhem para criar suas famílias é cada vez mais fluido. A família nuclear está desaparecendo.

No coração da família tradicional sempre houve a crença de que as crianças precisam de uma mãe e de um pai, e que essas funções dentro da unidade familiar são diferentes, e, em grande parte, configuradas pela diferença de gênero. A mãe é a cuidadora, o pai o provedor e disciplinador. Mas hoje o público americano já não pensa, em sua maioria, que os tradicionais papéis de gênero e casamentos são os melhores.

Em 2009, o Instituto da Família e do Trabalho realizou uma pesquisa que revelou que a maioria dos americanos não concorda com a ideia de que as mulheres devem ser os responsáveis primários e os maridos os provedores primários. Outros estudos, como o feito pela professora de sociologia Lynn Prince Cooke, têm demonstrado que os casais heterossexuais e pais que renunciam aos papéis tradicionais de gênero são mais felizes, em média, que seus homólogos convencionais. Cooke observou que, "casais americanos que dividem emprego e tarefas domésticas são menos propensos ao divórcio que aqueles nos quais o marido cuida só do dinheiro, enquanto a mulher cuida só da limpeza".[6]

Outro estudo encontrou que os casamentos em que os maridos fazem mais tarefas domésticas são menos propensos a terminar em divórcio — são casamentos em que ambos os cônjuges trabalham. Também nesse estudo, os casais do mesmo sexo relataram compartilhar responsabilidades domésticas de forma mais equitativa ter mais satisfação parental que casais heterossexuais.

Curiosamente, no entanto, mesmo que os americanos sejam mais propensos a serem felizes no casamento igualitário e não acreditem que os papéis tradicionais de gênero dentro do casamento são os melhores, ainda acreditam que quando se trata de criar filhos, o casamento é o caminho. Em uma pesquisa do Pew sobre o casamento e a família para a revista *Time*[7], mais de 75% dos entrevistados disseram acreditar que a criação dos filhos é melhor quando feita dentro de um casamento.

Mas a tendência é clara: famílias heterossexuais, nucleares, não são mais o padrão ou a expectativa quando se trata de ter filhos. Isso não significa, porém, que algumas pessoas não estão presas a papéis tradicionais dentro das famílias.

A crença generalizada de que a família nuclear heterossexual é melhor para as crianças tem sido muito utilizada como cortina de fumaça para a homofobia, e como argumento para anular os esforços pelo casamento igualitário. Em 2006, o Tribunal de Apelações de Nova York decidiu contra o casamento entre pessoas do mesmo sexo porque "a legislatura pode racionalmente acreditar que é melhor [...]

que as crianças cresçam com uma mãe e um pai".[8] Mas os estudos mostram que não é o melhor. No entanto, isso não impede as pessoas de usarem o interesse das crianças para fins políticos.

Os estudos que propõem que os pais heterossexuais são superiores são, em grande parte, falhos. Em vez de comparar casais heterossexuais com casais do mesmo sexo, esses estudos contrastam casais heterossexuais casados com mães solteiras heterossexuais e ignoram outras variáveis de estrutura familiar que não têm nada a ver com gênero.

Então, por que insistir em manter uma visão antiquada baseada em má fé científica? Porque a questão nunca foi realmente "o bem das crianças". Na Flórida, uma proibição de adoção persistentemente mantinha crianças em orfanatos enquanto amorosos pais gays esperavam em vão; foi revogada apenas em 2010. E quando Washington, D.C., estava prestes a legalizar o casamento gay em 2009, a arquidiocese de Washington encerrou seu programa de assistência social e ameaçou fechar seus serviços sociais (Aparentemente, abandonar crianças é melhor que apoiar as famílias que não se parecem com a sua própria).

Há tanto preconceito em relação a famílias não tradicionais que até mesmo o acesso à tecnologia reprodutiva está sob ataque. Em 2006, por exemplo, um legislador da Virgínia apresentou um projeto de lei que proíbe as mulheres solteiras (mulheres solteiras e lésbicas) de usar a tecnologia de reprodução, como a fertilização *in vitro*. O projeto de lei negaria às mulheres solteiras acesso a "determinada tecnologia de intervenção médica", que "completa ou parcialmente substitua a relação sexual como meio de concepção". E enquanto em muitos estados existe cobertura do seguro saúde para tratamentos de fertilização *in vitro*, a pessoa que procura o procedimento deve provar a infertilidade, o que exclui os futuros pais LGBT. Alguns estados, como Rhode Island, por exemplo, especificamente estipulam que o seguro cobrirá os procedimentos só se o marido da mulher fornecer o esperma. E em alguns estados, as leis sobre barriga de aluguel e adoção para gays e lésbicas ainda são ambíguas o suficiente para justificar a discriminação.

A MÃE TRADICIONAL CONTRA-ATACA

A suposta supremacia da família nuclear tradicional não é apenas uma tática falida no debate sobre casamento e família; é uma convenção à beira da morte.

A crença retrógrada de que crianças crescem melhor em famílias heterossexuais tem mais a ver com os papéis de gênero que com sexualidade. A declaração do grupo conservador Focus on the Family contra o casamento entre pessoas do mesmo sexo, por exemplo, diz que "a maior parte do valor de mães e pais para seus filhos se deve ao fato de que mulheres e homens são diferentes [...] os pais tendem a encorajar os filhos a se arriscar e ultrapassar limites, e as mães tendem a ser protetoras e mais cautelosas".[9] Desta forma, o esforço contra o casamento entre pessoas do mesmo sexo é também um retrocesso — em todos os sentidos do termo — ao casamento convencional.

Famílias não tradicionais são vistas, na pior das hipóteses, como prejudiciais, e na melhor das hipóteses, como "alternativas", como se houvesse um padrão adequado para a composição de uma família.

É tão forte a pressão nos círculos conservadores para "proteger" as estruturas tradicionais de família que qualquer problema pode se transformar em preocupação com a família nuclear. No debate entre os candidatos presidenciais do Partido Republicano no Arizona, no início de 2012, por exemplo, uma simples pergunta sobre o apoio ao controle de natalidade se transformou em uma discussão sobre bebês nascidos fora do casamento. Durante esse debate, o moderador da CNN, John King, perguntou a Rick Santorum (que havia dado uma entrevista sobre os "perigos" do controle de natalidade) sobre sua posição em relação à contracepção, e Santorum respondeu falando sobre a família americana: "O que eu dizia era que temos uma sociedade [...] com crescente aumento do número de crianças que nascem fora do casamento"[10], disse. "O ponto principal é que temos um problema neste país, e a família está ruindo. Mais de 40% das crianças nascidas nos Estados Unidos nasceram fora do casamento. Como pode um país sobreviver se as crianças estão sendo criadas em lares em que é muito mais difícil ser bem-sucedido financeiramente? [...] Não, não vai dar tudo certo".

Seu adversário, Mitt Romney, respondeu de forma semelhante:

> Isto não é uma discussão sobre contraceptivos, e sim um debate sobre se vamos ter uma nação que preserva seu alicerce, que é a família, ou não? Quando temos 40% das crianças que nascem fora do casamento, e quando em certos grupos étnicos a maioria nasce fora do casamento, nós nos perguntamos: Como vamos ter uma sociedade no futuro? Precisamos de um presidente que esteja disposto a dizer que a melhor oportunidade que um indivíduo pode dar a seu filho é a de nascer em uma casa com uma mãe e um pai.

Mas nós já sabemos que ter uma mãe e um pai não é a melhor oportunidade que podemos dar a uma criança — mas pais amorosos sim. E há um argumento a levantar: se a paternidade intencional e meditada é um indicador de felicidade dos pais e da família, ter pais gays — pais que não seriam capazes de ter um filho "acidentalmente" — pode ser, de fato, uma das melhores circunstâncias que existem para uma criança.

O NOVO NORMAL

Sabemos que a maioria dos americanos não sente mais que os papéis tradicionais de gênero são necessários, ou até mesmo desejáveis. Então, se não apoiamos as ultrapassadas normas de gênero em nossas famílias, por que elas têm lugar em nossas leis? Por exemplo: quando o juiz Vaughn R. Walker derrubou a Prop 8 (proposta que pretendia negar o direito ao casamento entre pessoas do mesmo gênero), da Califórnia, ele observou que a proibição do casamento homossexual "existe como um artefato de uma época em que os gêneros eram vistos como tendo diferentes papéis na sociedade e no casamento [...], esse tempo passou".[11]

Papéis e famílias tradicionais não são novidade para ninguém, e a mudança não virá facilmente. Mas histórias como a de Spicuglia, que estão longe de serem novas, mas que só agora recebem mais atenção do público como histórias "normais" de família, não vão desaparecer.

Isso não quer dizer que a família nuclear tradicional é ruim ou que está completamente morta — só que não é necessariamente o melhor para as crianças. Estatísticas sobre mães lésbicas à parte, ninguém está realmente sugerindo que todas as crianças estariam melhor com pais gays que com heterossexuais. Mas, se os defensores da família tradicional se agarrarem a todo custo a sua visão da paternidade, não só as crianças vão sofrer, mas as famílias e o progresso nacional também.

Não existe um caminho certo para criar filhos e não há nenhuma combinação mágica de gêneros que produz a criança mais bem ajustada. Todos nós fazemos o melhor que podemos amando nossos filhos e construindo nossa família. Portanto, se o objetivo são crianças felizes, vamos nos concentrar nisso, e não em forçar os americanos a um modelo de família antiquada que já ultrapassamos.

ONZE
As mulheres devem trabalhar

> A palavra "escolha" tem sido usada, no contexto de mulheres trabalharem em casa contra trabalharem fora, como um eufemismo para o trabalho não remunerado, sem segurança no emprego, sem férias, sem convênio médico e nenhum plano de aposentadoria. Não admira que homens não clamem por essa possibilidade de "escolha".
>
> — *Barbara Cohn Schlachet*, Carta ao editor, The New York Times, 2006

EM 2010, o jornal *The Washington Post* publicou um artigo sobre se a mãe trabalhar fora de casa significa ou não um impacto negativo no bem-estar de seus filhos. Saiu sob o título, "Mães que trabalham não necessariamente prejudicam o desenvolvimento da criança".[1] Apesar do título dolorosamente morno, as mães que trabalham e as feministas se alegraram.

O artigo citou um estudo da Universidade de Columbia baseado no maior estudo de cuidados infantis já feito, no qual mais de mil crianças foram acompanhadas pelo Instituto Nacional de Saúde Infantil e Desenvolvimento Humano do Early Child Care. O estudo da Columbia marcou a primeira vez que os pesquisadores mediram o pleno efeito nos filhos de mães que trabalham fora: não apenas o modo como o emprego materno pode prejudicar as crianças, mas os efeitos positivos que isso poderia ter sobre as crianças também. O estudo mostrou que, "o efeito geral do primeiro ano de emprego materno sobre o desenvolvimento da criança é neutro". Enquanto a conclusão "neutro" não parece particularmente reveladora ou digna de comemoração para as mães trabalhadoras — que vêm ouvindo ao longo de décadas sobre as várias maneiras como estão irrevogavelmente prejudicando seus filhos — foi uma vitória indiscutível.

Houve, por exemplo, um estudo apontando que mães trabalhadoras estariam forçando suas filhas à puberdade precoce, o que não só insistia na culpa onipresente que tantas mães trabalhadoras já enfrentam, mas também no medo do aumento da sexualização de meninas na cultura americana.[2] Ou a pesquisa de 2010 da Universidade de Chicago, que afirmava que mães que trabalham têm filhos com IMC (índice de massa corporal) superior que mães que ficam em casa. A mídia divulgou esse estudo sob manchetes como: "Quanto mais as mães trabalham, mais pesados são seus filhos"[3], e "O horário de trabalho das mãe está fazendo crianças gordas".[4] Um estudo da Universidade Estadual da Carolina do Norte relatou que mães que trabalham causavam impactos negativos na saúde de seus filhos — que mulheres que trabalhavam eram mais propensas a ter filhos doentes.[5] "Mães que ficam em casa tinham razão quando seus instintos maternos lhes diziam que são mais bem preparadas para cuidar de seus filhos", criticou um jornal.

Caryl Rivers aponta, em *Selling Anxiety: How the News Media Scare Women,* que reações públicas e culturais contra as mulheres cada vez mais ativas na esfera pública não são novidade. Ela escreve: "Quando as mulheres faziam pressão pelo direito a voto, os meios de comunicação da época ficaram bastante histéricos. Dizia-se que se as mulheres saíssem de casa para entrar na cabine de votação, deixariam de ser os anjos do lar que os homens tanto admiravam, que se tornariam grossas e rudes, e, portanto, incapazes de serem boas mães, e a família seria destruída".

Isso parece familiar? A narrativa da mídia em torno de mulheres que trabalham — particularmente mães que trabalham — conta uma história que vai além das manchetes. Marca o progresso cultural americano e demonstra a maneira pela qual os mitos sobre a paternidade são criados, as realidades ignoradas, e como são ambas consumidas por um público desesperado por respostas e validação.

A verdade sobre criar filhos e trabalhar é muito mais sutil que um título bem colocado, e a realidade das mães — quer trabalhem ou fiquem em casa — é mais complexa que qualquer resposta "certa". No entanto, apesar da situação ser complicada há uma verdade bem clara. Existe uma realidade inegável da vida das mulheres e formas tangíveis pelas quais suas decisões sobre trabalho e família afetam sua vida, a vida de seus filhos, e até a sociedade em geral.

LARGAR O TRABALHO OU NÃO, EIS A QUESTÃO

Quando Lisa Belkin escreveu um artigo sobre a maternidade na revista do *New York Times*, em 2003[6], ela fez uma pergunta — e forneceu uma resposta — que tanto encantou quanto enfureceu as mulheres americanas: "Por que as mulheres não mandam no mundo? Talvez seja porque elas não queiram".

A matéria de capa de Belkin perfilava um punhado de mães de elite — mulheres que estudaram na Ivy League, que trabalhavam em bancos ou escritórios de advocacia, que tinham MBAs e maridos com altos salários — que estavam "rejeitando o trabalho".

Conforme essas mulheres olhavam para o "topo", cada vez mais decidiam que não queriam fazer o necessário para chegar lá. As mulheres de hoje têm o mesmo direito de fazer a mesma barganha que os homens têm feito há séculos — tirar tempo da família em busca do sucesso. Em vez disso, as mulheres estão redefinindo o sucesso. E ao fazer isso, estão redefinindo o trabalho.

Foi-se o tempo em que a definição de sucesso de uma mulher era dizer que a receita da torta de maçã era sua. Ou a promoção de seu marido. Ou arrumar bem as crianças. Mais tarde, ser bem-sucedida exigia se tornar homem. Lembram-se daqueles terríveis blazers com ombreiras? O sucesso tinha a ver com a definição masculina de dinheiro e poder.

Não há nada de errado com dinheiro ou poder, mas eles têm um preço elevado. E ultimamente, quando as mulheres falam de sucesso, usam palavras como satisfação, equilíbrio e saúde.

Vicky McElhaney Benedict, por exemplo, cursou a Universidade de Princeton e depois faculdade de Direito na Universidade de Duke. Quando Belkin a entrevistou, ela tinha dois filhos e era dona de casa. "Esse era meu destino", disse ela. "Odeio dizer isso porque parece que eu poderia não ter feito faculdade. Mas o que quero dizer é que esse era meu destino neste momento. Sei que é muito politicamente incorreto, mas gosto do ritmo da vida quando estou criando uma criança".

O artigo foi escandalosamente popular — era a história mais compartilhada no site do jornal, e parecia que todo o mundo que já havia escrito algo sobre maternidade ou mulheres discutia ou escrevia sobre ele. A maioria das críticas ao artigo de Belkin (incluindo a minha, na época) dirigiam-se ao fato de que ela escolhera situar uma tendência em um pequeno e elitista subconjunto de mulheres. O que importava se uma pequena porcentagem de mulheres ricas ficava em casa? Isso não parece significar muito em termos de preocupações com a situação geral das mães americanas, a maioria das quais não poderia abrir mão de uma renda mesmo que quisesse.

Belkin teve o cuidado de salientar os limites de sua tese no artigo; escreveu que percebia que era "verdade que a maior parte das mulheres que podem fazer uma escolha real — que têm parceiros com salários substanciais e seguro saúde — eram da elite, bem-sucedidas, tornando fácil descartá-las como exceção". Mas argumentou: "são essas as mulheres que deveriam ser profissionalmente iguais aos homens neste momento, por isso, o fato de que tantas estejam escolhendo o contrário é explosivo".

Linda Hirshman, advogada e autora do controvertido manifesto feminista *Get to Work*, acha que a crítica acerca de que mulheres como as do artigo de Belkin são estatisticamente insignificantes não vem ao caso. "A mudança social muitas vezes vem de cima para baixo", disse ela. "O fato de que a maioria das mulheres não pode se dar ao luxo de tomar essa decisão não altera a ressonância social — é o efeito do regime".

Hirshman diz que mães como as entrevistadas por Belkin não estão tomando decisões em um vácuo social, e que sua escolha tem um efeito social e político profundo sobre outras mulheres. Se ficar em casa se torna a opção desejada, como demonstrado pelo mais alto escalão de pais, Hirshman acredita que isso vai impactar a maneira como todas as mulheres veem a criação dos filhos.

Outros críticos focaram sua ira na mensagem que essas mulheres enviavam ao ficar em casa em vez de trabalhar. Katie Allison Granju, hoje a popular blogueira por trás do Mamapundit, escreveu[7] que aquele artigo de Belkin não leva em conta as consequências para as mulheres — mesmo sendo da elite — de tomar a decisão de ficar em casa. "Como Belkin, eu também falava presunçosamente sobre as muitas alegrias e benefícios de criar uma vida profissional que me permitisse sustentar minha família e explorar minha própria criatividade. Eu mesma me parabenizava por minha disponibilidade de renunciar a um emprego remunerado de período integral em minha área para ser uma mãe melhor", escreveu Granju em um site para mães.

Mas, explicou ela, esse tipo de vida confortável não necessariamente dura para sempre. Granju escreveu sobre seu divórcio e o choque de, de repente, tornar-se mãe solteira de três filhos,

> não viver mais em uma casa própria, e tocar a vida sem o benefício do salário do cônjuge. Mas isso é uma surpresa? Mulheres da minha idade não aprenderam os riscos de depender demais de nossos cônjuges para a segurança financeira do futuro observando as mulheres de meia-idade que haviam sido mães em tempo integral e que voltavam em massa ao mercado de trabalho,

quando as taxas de divórcio dispararam, durante os anos 1970 e 1980? Essas mulheres — muitas das quais haviam tido carreiras, ou pelo menos competência profissional nos anos antes do casamento e da maternidade — descobriram que seus voluntários anos sabáticos longe do mercado de trabalho as deixaram mal equipadas para se sustentar, e muito menos para pagar por atendimento médico ou poupar para a aposentadoria.

A queixa de Granju foi presciente; oito anos após o artigo de Belkin ser publicado, a escritora Katy Read escreveu: "Arrependimento de uma mãe em tempo integral" para a *Salon*[8]. O subtítulo dizia: "Considere isto um aviso para as novas mães: Quatorze anos atrás, eu optei por 'me aposentar' para me dedicar a minha família. Agora, estou falida". Read escreveu que não estava preocupada com as consequências financeiras de ficar em casa com seus filhos, em parte, porque "ninguém parecia estar".

A maioria dos artigos e livros sobre o que veio a ser chamado de "opting out" ["aposentar-se", abandonar o emprego] focava os desafios orçamentários de passar a ter só um salário — medidas de austeridade compartilhadas por ambos os pais —, enquanto mal tocava nos sacrifícios de longo prazo suportados principalmente pela parte do casal que larga o emprego: as promoções perdidas, aumentos e benefícios de aposentadoria; as habilidades atrofiadas e o *network* perdido. A dificuldade de entrar novamente no mercado de trabalho depois de anos de distância foi subestimada, e as ramificações do divórcio, viuvez ou demissão de um dos parceiros dificilmente consideradas. Era como se em casa as mães pudessem contar com a possibilidade de serem sustentadas financeiramente felizes para sempre, como se um cônjuge permanente e plenamente empregado fosse o novo príncipe encantado.

Não é apenas o divórcio que coloca as mulheres que optaram por abandonar o emprego na posição de ter que ganhar dinheiro de novo. Em 2009, o New York Times publicou uma reportagem[9] na seção de negócios sobre as mulheres que haviam ficado em casa e que estavam sendo forçadas a voltar ao mercado de trabalho porque a recessão tomara o emprego dos maridos. A realidade econômica de não ter uma renda — e não a construção de competências profissionais e contatos — não pode ser ignorada. Controvérsias e críticas à parte, artigos como os de Belkin, desde sua publicação situaram o debate em torno das mães que trabalham, por isso mesmo, se você tem problemas quanto a seu conteúdo, saiba que são fundamentais para o entendimento cultural do equilíbrio entre trabalho e vida nos Estados Unidos.

Dois anos depois da publicação do artigo de Belkin, o Times, por exemplo, publicou um artigo semelhante: "Muitas mulheres em faculdades de elite vinculam a trajetória profissional à maternidade".[10] Saiu na primeira página do jornal e afirmou que 60% das estudantes de Yale entrevistadas indicaram que diminuiriam a carga de trabalho ou parariam completamente de trabalhar quando tivessem filhos.

Como o artigo de Belkin, este — escrito por Louise Story — também foi amplamente lido e criticado. Blogueiras, feministas e até outros repórteres tiveram problemas com a história, não só por conta de seu foco estreito — mais uma vez, por que um artigo sobre tendências de uma pequena porcentagem da população? —, mas também porque foi visto como uma reportagem de má qualidade. Jack Shafer, da revista digital Slate[11], por exemplo, contou o número de "palavras delatoras" da má qualidade, como *alguns* e *muitos*, usadas no lugar de dados estatísticos.

Para Linda Hirshman — mais uma vez, que acredita que o efeito do regime é tão importante quanto as estatísticas —, o impacto social de as mães de elite ficarem em casa é uma parte fundamental do feminismo e da criação de filhos. "Deixando de lado por um momento as pessoas que têm que trabalhar", disse ela, "uma importante questão é: por que fazem isso? É como as modelos muito magras; é alguma norma bizarra de realização feminina que ninguém pode realmente alcançar".

Hirshman argumenta que as mulheres que optam por ficar em casa e criar os filhos — especialmente as da privilegiada classe média alta — estão prestando um desserviço às outras mulheres e à sociedade em geral. Em *Get to Work*, ela escreve que as mulheres que não trabalham fora não usam plenamente suas capacidades intelectuais: "Se abandonam o trabalho por completo ou se apenas diminuem a carga, seu talento e educação são retirados do mundo público para o mundo privado de lavar roupas e beijar dodóis. O abandono do mundo público por mulheres no topo significa que a classe dominante é esmagadoramente masculina. Se os governantes são do sexo masculino, vão cometer erros que beneficiam os homens".

Hirshman também fez uma pergunta que não surge tanto quanto costumava antes: se mais e mais mães ficam em casa para criar filhos, o que isso significa para as mulheres da América? Essa parece ser uma pergunta que ninguém fica muito à vontade para responder, em parte — mais uma vez — por conta do aumento do individualismo americano e o afastamento da comunidade. Vicky McElhaney Benedict, uma das mulheres entrevistadas por Belkin disse: "Houve pessoas que me disseram que são mulheres como eu que estão arruinando o mercado de trabalho, porque deixamos os empregadores com um pé atrás. Não quero assumir o manto de todas as mulheres e lutar por alguma irmã que não é realmente minha irmã, porque eu nem sequer a conheço". É cada uma por si!

A outra razão pela qual a pergunta de Hirshman levanta polêmica é que o feminismo vem sendo cada vez mais entendido como um movimento que dá às mulheres o acesso a mais opções; por isso, se você quer ficar em casa, fique. Se a escolha for sua, é o caminho certo.

Mas Hirshman vê a ascensão da "escolha feminista" como um enorme passo para trás para as mulheres. "Uma mulher que decide ficar em casa com seus filhos é mais importante que o destino das outras mulheres, que devem estar preparadas para defender essa posição", escreve ela. "A posição de que as escolhas das mulheres são indignas de análise moral cria a horrível possibilidade de que as escolhas das mulheres não importam, porque as mulheres não importam".

DONAS DE CASA FELIZES?

Se as mães americanas não se sentem à vontade com a questão moral acerca de como suas decisões de trabalho afetam a sociedade de forma mais ampla, devem, no mínimo, preocupar-se com como afetam a si mesmas e a sua própria felicidade. As mães que ficam em casa são mais felizes e realizadas que suas homólogas que trabalham? Existe alguma resposta fácil?

O que sabemos com certeza é que os meios de comunicação lançam artigos sensacionalistas que mostram que mães que trabalham são infelizes — que, de alguma forma, comprometem sua própria felicidade e o bem-estar de seus filhos. Uma manchete do MSN dizia: "Mães que trabalham e tentam fazer tudo podem ficar mais deprimidas".[12] A revista *Working Mothers* promete "10 segredos para ser feliz"[13], e a CBS pergunta: "Por que as mulheres são tão infelizes no trabalho?"[14]. Muitos desses artigos veem o feminismo e o avanço feminino como causa da frustração da felicidade feminina. A colunista do New York Times Maureen Dowd queixou-se de que quanto mais as mulheres alcançam, "mais parecem prejudicadas".[15] Como diz o título de uma matéria do New York Times, de Ross Douthat, estamos supostamente "Liberadas e infelizes".[16]

Mas essa certeza cultural bate com a realidade?

Caryl Rivers, em Selling Anxiety, diz que não: "Poderíamos pensar que algo — ou alguém — estava forçando todas essas mulheres infelizes a manter seus empregos em vez de correr para casa, onde seriam realmente felizes. Mas o que as ciências sociais confiáveis dizem? [...] Com quase duas décadas de boa concepção, pesquisas confiáveis encontram as mulheres que trabalham consistentemente saudáveis — mais saudáveis, de fato, que as donas de casa".

Ela aponta vários estudos nacionais que mostraram que as mulheres que trabalhavam tinham saúde física e emocional melhor que suas colegas que ficam em casa. Um estudo da Universidade de Berkeley com duração de 22 anos mostrou que, quando as mães que ficavam em casa completaram 43 anos, tinham mais doenças crônicas e estavam mais frustradas e cansadas que as mulheres com empregos fora de casa. Outro grande estudo encontrou que não era ter filhos que aumentava a infelicidade emocional das mulheres; era ter filhos e parar de trabalhar.

As estatísticas de Rivers ainda hoje são válidas. Um estudo de 2011 da Associação Americana de Psicologia mostrou que mães que tiveram empregos durante a infância e pré-escola de seus filhos eram mais propensos a ser felizes e saudáveis que mulheres que ficaram em casa.[17] Mães que trabalhavam tinham saúde melhor e menos sintomas de depressão.

A pesquisadora Cheryl Buehler, professora de desenvolvimento humano e estudos familiares da Universidade da Carolina do

Norte, em Greensboro, observou que o que fazia mães mais felizes e aumentava seu bem-estar geral era trabalhar em meio período, mais que trabalhar período integral ou ficar em casa. "No entanto, em muitos casos, o bem-estar de mães que trabalhavam meio período não foi diferente do de mães que trabalhavam período integral", disse ela.[18]

É fácil argumentar que mulheres que têm carreiras gratificantes não devem abandoná-las, claro. Ou que a sociedade precisa de mais mulheres advogadas, médicas, juízas e CEOs. Mas, muitas mães americanas que deixam seus empregos não estão necessariamente deixando para trás empregos gratificantes. Para cada feminista a favor do trabalho que reclama que ficar em casa para criar filhos é um trabalho ingrato cheio de tarefas repetitivas e sem estímulo intelectual, há uma mulher que mostra que seu trabalho é exatamente assim — sem o tempo com os filhos.

Para aquelas mulheres que têm empregos terrivelmente chatos, a "escolha" de ficar em casa pode ser um pouco mais clara. Mas, quando se trata de mães cujos empregos são indiscutivelmente entorpecentes mentais, a cultura americana não se importa se elas ficam em casa. Na verdade, quando as mulheres com empregos mal remunerados, ou mães da classe trabalhadora não trabalham, são suscetíveis de serem chamadas de preguiçosas, em vez de veneradas como mães preocupadas e envolvidas.

As mulheres que recebem assistência do governo, por exemplo, não ouvem dos meios de comunicação (ou de qualquer outra pessoa) que devem ficar em casa e cuidar de seus filhos. Apesar de o auxílio do governo ser insignificante e os empregos escassos e mal pagos, ninguém sugere que as mulheres de baixa renda devem ser mães donas de casa. Curiosamente, no entanto, existem programas de incentivo ao casamento para as mulheres que recebem auxílio desemprego, o que significa que recebem incentivos financeiros para se casarem ou permanecerem casadas. É outra maneira de empurrar os tradicionais papéis de gênero para cima das mulheres e mães (homens na mesma condição não recebem esses incentivos).

Para a maioria das mães, o trabalho é forçoso — a maioria das famílias americanas precisa de renda dupla para sobreviver. O modo como falamos quem é uma boa mãe e quem deve ficar em casa, no entanto, revela que as percepções culturais acerca do equilíbrio trabalho/vida têm menos a ver com a economia e a realidade e mais com a aceitação de um mito parental que coloca mulheres com filhos umas contra as outras.

OS NÚMEROS

Caryl Rivers diz que a "verdadeira história sobre as mulheres é que as jovens que frequentam faculdades de elite querem bons empregos com horários razoáveis, de modo que possam ter tempo suficiente para a família". Imagino que não é a esperança só de mulheres em faculdades de elite, mas da maioria das mulheres americanas. Rivers escreve que essas histórias cheias de nuances sobre mulheres que trabalham e maternidade não querem fazer muito "alvoroço", e "certamente não [saem] na primeira página do *Times*".

Joan Williams, professora de direito e diretora do WLL (Center for WorkLife Law), publicou em 2006 um estudo chamado "Largar o emprego ou ser expulsa dele? Como a imprensa cobre o conflito trabalho/família". Em particular, Williams observou mulheres que pararam de trabalhar, ou foram excluídas, e a maneira como a imprensa interpretava erroneamente essas duas circunstâncias.

Em seu relatório, Williams revelou que quase 75% das histórias analisadas focavam no "largar" em vez de o "ser expulsa".[19] Na verdade, havia muito poucas menções à maneira como as mães são postas para fora do mercado de trabalho. Isso não combinava com a realidade; Williams aponta que um estudo de 2004 mostrou que 86% das mulheres entrevistadas disseram que saíram por razões relacionadas com o trabalho, como falta de flexibilidade de horário, não porque queriam. Apenas 6% das histórias que Williams e seus colegas analisaram identificaram mulheres cuja razão pela qual ficavam em casa era o fato de terem sido empurradas para fora do mercado trabalho. O relatório também descobriu que a maior parte da cobertura dos meios de comunicação informava sobre questões de trabalho/vida como se fosse uma coisa só para mulheres profissionais ou com empregos de status elevado. Esse não é o caso.

A verdade dos números é muito diferente. *The Washington Post* revisitou a "revolução *opt-out*" em 2009,[20] argumentando que novos números do censo provavam que tal revolução não estava acontecendo. A equipe da escritora Donna St. George escreveu que as informações do censo de 2009 — que foi coletado como uma resposta direta à "mania *opt-out*" da mídia — mostravam que as mães que ficavam em casa não eram da elite que Belkin havia focado, mas que eram mais jovens, com menos escolaridade, e tinham rendimentos mais baixos. Quase uma em cada cinco mães que não trabalhavam tinham o ensino médio incompleto (era uma a cada doze para outras mães), e apenas 32% tinham faculdade. Das mães que não trabalhavam, 12% viviam abaixo da linha de pobreza, em comparação com 5% de outras mães.

Diana Elliott, coautora do relatório do censo e demógrafa familiar, disse ao *Post*: "Acho que há uma pequena população, muito pequena, que opta por deixar de trabalhar, mas com os dados nacionalmente representativos não é o que vemos".

O que viram, porém, foi que as mães que ficavam em casa não se limitaram a um subconjunto de mulheres. Quase uma em cada quatro mães casadas — 5,6 milhões de mulheres — ficavam em casa com seus filhos (Apenas 165 mil pais faziam o mesmo). Também encontraram que, apesar de a face pública da mãe que não trabalha ser esmagadoramente branca, 27% das mães que ficam em casa eram hispânicas, e 34% nasceram fora dos Estados Unidos.

Mas saber quem fica em casa e quem trabalha não responde à pergunta de por que — ou se — deveríamos fazer essa pergunta.

EU ESCOLHO MINHA ESCOLHA

Quando o livro de Hirshman foi publicado, fiz o mesmo que muitas feministas e corri a criticá-lo. Achei o tom de *Get to Work* duro e crítico. Quem era ela — que era qualquer uma — para dizer às mulheres qual é a escolha "certa" para sua família? Eu estava cansada de ver artigos que reivindicavam que um estilo de criação era melhor que outro, e revirava os olhos sempre que via uma discussão em um blog ou fórum sobre se mães que trabalham ou que ficam em casa estavam fazendo o melhor por seus filhos. Mas, a verdade é que, mesmo estando desconfortável com a ideia de impor — ou até mesmo sugerir — às mulheres que há uma escolha melhor, realmente acredito que há.

Precisamos de horários flexíveis de trabalho, licença maternidade remunerada (que dure mais que algumas semanas ou meses), creches subsidiadas e locais de trabalho com condições adequadas para mães. Também me preocupo com a segurança financeira de mulheres que não têm empregos remunerados. Não acho que seja uma boa ideia depender financeiramente de alguém por um período prolongado de tempo. Em um mundo perfeito, os Estados Unidos forneceriam um salário para o trabalho doméstico e o cuidado das crianças — afinal, é um trabalho que contribui para a economia, seja formalmente reconhecido ou não. Mas esse não é o mundo em que vivemos agora. Não sei bem como conciliar essas crenças com meu sentimento de que as escolhas de vida das pessoas devem ser honradas. Acho que há uma maneira de discutir e de pensar criticamente — e ser crítico — as escolhas dos pais sem recorrer a ataques pessoais e hipérboles. E acredito que mulheres e mães serão capazes de terem essa conversa com o conhecimento de que queremos melhorar a vida parental.

DOZE
Por que ter filhos?

> As crianças nunca foram muito boas em ouvir os mais velhos, mas nunca deixaram de imitá-los.
>
> — *James Baldwin*

MEGAN DIZ que caiu em um papel maternal tradicional "por *default*".

"Sou responsável por contar histórias, dar banho e escolher as roupas. Eu organizo tudo na casa, certificando-me de que os brinquedos estão no lugar e que os cães não estão comendo os lápis de cor. Se eu morresse amanhã, acho que as unhas dos meus filhos jamais seriam cortadas novamente".

Megan, que é de Mount Laurel, New Jersey, diz que sente como se houvesse se transformado em sua mãe, fazendo a seus filhos proclamações estereotipadas que jurou que nunca faria — como ameaçar jogar fora os brinquedos de seus filhos se eles não arrumassem tudo (com um saco de lixo na mão, para pleno efeito).

Agora que seus filhos têm 5 e 3 anos de idade, ela diz que a pior parte foi quando eram recém-nascidos. Depois que Megan teve seu primeiro filho, ela e uma amiga do "condomínio moderninho" que também tivera filho recentemente iam caminhar juntas todas as noites com os bebês nos carrinhos. Às vezes, diz ela, com uma taça de vinho no suporte de copo do carrinho. Uma noite, diz Megan, sua amiga olhou para ela e disse: "Sei que isso parece horrível, mas entendo por que há mães por aí que chacoalham seus bebês". Megan concordou.

"Isso faz de mim uma pessoa terrível?", ela perguntou.

Megan diz que nunca poderia ter imaginado como sua vida mudaria depois de ter filhos. "Eles não vêm com manual de instruções, mudam a cada semana, você não consegue entendê-los... eles desafiam a lógica. De repente, conseguir ir ao supermercado sozinha é como tirar férias cinco estrelas", disse ela. "Você deixa de usar suas bolsas e passa a carregar um saco de fraldas de cinco quilos. Suas roupas ficam cobertas de golfadas de bebê, mas, por que se preocupar em se vestir? Nada serve mesmo..."

Megan diz que conseguiu superar sua tristeza pós-parto e voltou a trabalhar oito semanas depois que seu filho nasceu. Mas, ainda assim, diz, ela precisava se esforçar muito. O trabalho parecia férias perto de suas responsabilidades maternais, mas como estava incrivelmente estressada parecia que não fazia nada direito — nem no trabalho nem em casa.

Dois anos depois, ela teve uma filha. Agora, Megan diz: "As coisas não são perfeitas, e tento não esperar que sejam".

"As crianças resmungam, choram; estragam filmes e férias. Uma vez, tive que descer do trem porque meu filho estava chorando demais. Bati boca com uma senhora na igreja que foi rude e disse que meu filho tinha que parar de cochichar. Perdi a compostura em público. Tive que comprar comida mijada porque meu filho fez xixi no carrinho".

Megan diz que ser criada para acreditar que a mulher pode fazer tudo "me ferrou". "Não podemos", disse ela, "e isso é bom. Eu não posso cozinhar, lavar roupa, checar a lição de casa, fazer meu próprio trabalho, corrigir as redações dos meus alunos e cuidar dos cães sem me descabelar. Faço o melhor que posso. Se o chão ficar sujo, tudo bem. Prefiro ter saúde mental".

Talvez Megan tenha descoberto o segredo para a felicidade de quem tem filhos — pelo menos no âmbito pessoal. Ela não faz tudo; não espera perfeição de si mesma ou de seus filhos. Ela *aceita* a exaustão.

Claro, isso é fácil de fazer quando você tem conforto financeiro e não precisa se preocupar com grandes problemas que cercam seu filho. Mas, ainda assim, ela está no caminho certo.

A ERA DA ANSIEDADE

Peter Stearns, autor de *Anxious Parents: A History of Modern Childrearing in America*, argumenta que a ansiedade e a preocupação dos pais são um fenômeno relativamente novo. Na década de 1930, por exemplo, estudos mostravam que os casamentos com e sem filhos eram igualmente felizes. Na década de 1950, porém, os casamentos sem filhos tornaram-se significativamente mais felizes que os cheios de crianças. Stearns também relata que, mesmo entre pessoas que já são pais, as mais felizes são as que gastam menos tempo com seus filhos — homens divorciados. "De uma maneira consistente, quanto menos tempo se passa com os filhos, mais positiva é a experiência parental", escreve ele. Talvez ainda mais perturbador seja que "quanto mais participativos os pais, mais relatam sentimentos de inadequação, negatividade e ambivalência".

Faz sentido, então, que em 1997 tenham sido publicadas cinco vezes mais livros sobre aconselhamento na criação de filhos que em 1975 — uma indústria construída em torno de uma nação de preocupações parentais.

Stearns argumenta que o século XX marcou a primeira vez que a infância foi vista como algo separado e distinto da idade adulta, em vez de só como um prelúdio para ela. Ele escreve: "As crianças contemporâneas passaram a ser vistas como mais frágeis, facilmente sobrecarregáveis, exigindo um tratamento cuidadoso ou mesmo favoritismo indiscutível para evitar que sua autoestima abalada fosse esmagada. A noção de fragilidade das crianças, obviamente, causou novos níveis de ansiedade nos pais, mas elas também eram um reflexo dessa ansiedade".

E como a preocupação com a saúde das crianças diminuiu, a ansiedade em relação a todo o resto disparou: escolaridade, tarefas de casa, como passar o tempo de lazer.

Com essa mudança, os pais americanos começaram a estabelecer padrões elevados para o que esperavam das crianças — e da paternidade. "Por trás de muitas preocupações escondia-se a suspeita cheia de culpa de que ter filhos não era tão satisfatório como se esperava, um pensamento cujo caráter subversivo poderia por si só aumentar a ansiedade", escreve Stearns.

Com o aumento das expectativas aumentou a infelicidade — e a ansiedade. Isso parece familiar? Cada detalhe que deixa os pais obcecados e aflitos aumenta seu nível de estresse, infelicidade e insatisfação. E, para quê?

Quando me encontrei com Linda Hirshman para falar de seu trabalho, ela me contou a história do ferimento em sua mão. Ela toca piano, de modo que precisou fazer uma tonelada de fisioterapia para recuperar ao máximo o uso da mão. Descobriu, porém, que havia perdido o alcance de uma oitava inteira — então voltou para a fisioterapia. Mas o fisioterapeuta disse que se ela fizesse mais um ano de fisioterapia, aumentaria em talvez 1% de funcionalidade para tocar. Ela contou essa história como analogia à incrível quantidade de trabalho e de ansiedade que pais — e as mães em especial — colocam na criação de filhos. "Se você der 80% de sua vida por seus filhos, talvez faça 1% de diferença na vida dele", diz ela. Supondo que você não tenha que se preocupar com as necessidades básicas e que possa proporcionar a seu filho uma vida boa, quanto trabalho extra vai realmente fazer tanta diferença?

ABRIR MÃO DO CONTROLE

Eu não estava bem preparada para ter filhos — pelo menos não do jeito que aconteceu comigo.

Enquanto Layla estava no hospital, eu esfreguei o chão do quarto dela, comprei um purificador de ar top de linha, dobrei os macacõezinhos (os menorzinhos, devo dizer, não dá para dobrar) com um brilho obsessivo-compulsivo nos olhos. Não porque achava que minha filha precisava de um quarto especialmente puro ou roupas bem organizadas, mas porque não havia nada que eu pudesse fazer por ela. Ela estava ligada a fios e máquinas para respirar e eu não podia segurá-la mais que alguns minutos de cada vez. A incerteza médica, o sofrimento de Layla e a dor por sua prematuridade fizeram que toda minha família ficasse completamente fora de meu controle. Então, eu limpava.

Meu caso é um exemplo extremo, claro, mas a sensação que me causou, acredito, que pode se relacionar à maioria dos pais: a de tentar desesperadamente controlar uma situação inerentemente incontrolável.

Não temos controle sobre se nossos bebês serão doentes ou deficientes, prematuros ou com outro tipo de problemas. A maioria de nós não faz ideia de se a assistência infantil disponível será acessível para nós, se nossa empresa vai oferecer licença maternidade ou se nosso chefe vai nos deixar sair mais cedo para buscar nosso filho doente na escola.

Nós não podemos impedir que coisas ruins aconteçam — que nossos filhos sofram *bullying*, que nosso bairro seja inseguro ou que o mundo seja injusto.

De modo que, como pais, nós nos concentramos nas coisas que podemos controlar. Para alguns, isso significa comprar carrinhos caros e encher a agenda do filho com aulas de francês e de piano. Para outros, é simplesmente ter certeza que seu filho está bem alimentado e arrumado antes de sair de casa. Não importa qual é a preocupação, no entanto, ela está sempre lá. Tenho certeza de que alguns pais aprenderam a relaxar, mas não conheço muitos.

A verdade sobre criar filhos é que a realidade de nossa vida precisa ser suficiente. Buscar um ideal que a maioria de nós nunca pode alcançar está nos fazendo, e a nossos filhos, infelizes. Certas coisas nós podemos controlar, podemos usar para mudar o modo de criar os filhos nos Estados Unidos.

Em primeiro lugar, temos que começar a pensar na criação de nossos filhos como um exercício de comunidade. Mudar nossa consciência nesse sentido tem o potencial de mudar mais coisas. Quando aliviamos a pressão que colocamos em nós mesmas de sermos as únicas cuidadoras de nossos filhos, não só nos libertamos da solidão crescente da criação solitária, como também abrimos um mundo de amor e apoio para nossas crianças. Quando pensamos na sociedade, em vez de só em nossos filhos individualmente, torna-se muito mais fácil exigir políticas públicas e trabalhistas que honrem a criação dos filhos para todos. Podemos lutar por licença remunerada estendida a todos os pais.

Precisamos acabar com a ideia de que existe uma forma "natural" de ser pais — qualquer maneira que escolhamos é o caminho natural. Quando abandonarmos esse ideal maternal (e paternal) que não existe, poderemos realizar o trabalho real de amar nossos filhos e nos divertirmos com isso.

Mães americanas precisam apoiar umas às outras — especialmente àquelas que não se encaixam no modelo de mãe "boa" ou "perfeita". Quando uma mãe é punida, todas somos punidas. Podemos lutar contra as políticas que criminalizam as mães por serem mães e que ditam que as mulheres são menos que humanos quando estão grávidas. Também precisamos aceitar que o mundo está mudando, e que não há um só tipo de família; por isso, temos que dar suporte a todos os tipos, não apenas em nossa vida pessoal, mas em nossas ações políticas e sociais.

Megan diz que por mais que haja momentos imperfeitos enquanto mães, os bons fazem tudo valer a pena. "Aconchegar-se, ouvir 'Mamãe, eu te amo mais que tudo' cura os dodóis".

Eu concordo. Mas focar nos momentos felizes pode nos levar apenas até certo ponto. Merecemos mais que apenas momentos de alegria como pais. Merecemos, e podemos, ter uma vida inteira assim.

AGRADECIMENTOS

Tenho uma enorme dívida de gratidão para com minha editora, Julia Cheiffetz, que ajudou a conceber a ideia deste livro e não teve nada além de fé em mim desde o momento em que nos conhecemos. Tudo de bom que há neste livro se deve a ela. Sua edição paciente e delicada, mas firme, fez deste livro o que é. Obrigada também a Carly Hoffmann e ao resto da incrível equipe da Amazon.

Obrigada a minha agente, Tracy Brown, que é uma conselheira maravilhosa e amiga, e que sempre tem meu apoio. Também devo enorme gratidão a minha boa amiga Gwendolyn Beetham, que teve a gentileza de me emprestar suas incríveis habilidades de pesquisa e síntese quando mais precisei.

Sinceros agradecimentos a minha família — a Andrew especialmente — por me incentivar a continuar a escrever, mesmo quando parecia impossível.

Mais importante ainda, obrigada aos pais e mães que compartilharam comigo suas histórias para este livro. Sua honestidade e abertura foi reenergizante, aterrorizante e fascinante; vocês fizeram com que a escritura deste livro fosse uma alegria.

NOTAS

INTRODUÇÃO

1. "No one has nannies — so can we please stop writing about them?". Sara Mosle. *Slate*. 4/02/2010.
2. "Breastfeeding Data and Statistics". Centers for Disease Control and Prevention. 2/08/2011. http://www.cdc.gov/breastfeeding/data/
3. "For Women Who Want Kids, 'the Sooner the Better': 90 Percent of Eggs Gone By Age 30". Roger Fortuna. *Good Morning America*. 29/01/2010.
4. "Early Puberty for Girls of Working Moms". Madeline Holler. Babble.com. 3/09/2010.
5. "Do Preschools and Nannies Turn Kids Into Bullies?". Jessica Reaves. *Time*. 19/04/2001.
6. "Declines in Marital Satisfaction Among New Mothers: Broad Strokes Versus Fine Details". Mari L. Clements; Sarah E. Martin; Amanda K. Cassil; Niveen N. Soliman. *Journal of Marriage and Family*. Fev/2011.
7. "Mother Madness". Erica Jong. *Wall Street Journal*. 6/11/2010.
8. "All the Single Ladies". Kate Bolick. *Atlantic*. Nov/2011.

UM: FILHOS NOS FAZEM FELIZES

1. "Forever Pregnant". January Payne. *The Washington Post*. 16/05/2006.

2. "Recommendations to Improve Preconception Health and Care". Centers for Disease Control and Prevention. 21/04/2006. http://www.cdc.gov/mmwr/preview/mmwrhtml/rr5506a1.htm
3. "Preconception Screening and Counseling Checklist". March of Dimes.
4. "Study O.K.'s Light Drinking During Pregnancy. Too Good to Be True?". *Time*. 6/10/2010.
5. "Study Shows 1 in 10 Dads Has Moderate to Severe Postpartum Depression". Charlene Laino. *WebMD Health News*.
6. "More Than Half of Poor Infants Have Mothers Showing Signs of Depression". The Urban Institute. 26/08/2010.
7. "PBS Tackles Happiness In 'This Emotional Life'". NPR. 4/01/2010.

DOIS: A LIGAÇÃO COM A MÃE É NATURAL

1. "Being There: Attached Parents". Tara Brown. *60 Minutes* (Austrália). 22/10/2006.
2. "Home Births Grow More Popular in the U.S". NPR. 26/01/2012.
3. "The Impossibility of Natural Parenting for Modern Mothers". Petra Buskens. *Journal of the Association for Research on Mothering*. Primavera/Verão 2001.
4. Blue Milk blog. http://bluemilk.wordpress.com/
5. Jong, Erica. "Mother Madness". *Wall Street Journal*. 6/11/2010.
6. Granju, Katie Allison, and Jillian St. Charles. "Has Attachment Parenting Imprisoned Mothers?". *New York Times*. 10/11/2010.
7. Jong-Fast, Molly. "Growing Up with Ma Jong". *Wall Street Journal*. 6/11/2010.

QUATRO: OS FILHOS PRECISAM DE SEUS PAIS

1. "The Census Bureau Counts Fathers as 'Child Care'". KJ Dell'Antonia. *The New York Times*, 8/02/2012.
2. "Who's Minding the Kids? Child Care Arrangements". U.S. Census Bureau. Ago/2010. http://www.census.gov/prod/2010pubs/p70-121.pdf
3. "The Republican Mother: Women and the Enlightenment". Linda Kerber, *American Quarterly*. Verão de 1976.
4. Toossi, Mitra. "A century of change: The U.S. labor force, 1950–2050" Bureau of Labor Statistics. Mai/2002.
5. Belsky, Jay. "The 'Effects' of Infant Day Care Reconsidered". ERIC Clearinghouse on Elementary and Early Childhood Education. 1987.
6. Talbot, Margaret. "The Devil in the Nursery". *New York Times*. 7/01/2001.
7. Flanagan, Caitlin. "How Serfdom Saved the Women's Movement". *Atlantic*. Mar/2004.
8. "Who's the Fairest Wife of Them All?". Laurie Abraham. ELLE. 16/03/2006.
9. "Paradise Lost (Domestic Division)". Terry Martin Hekker. *New York Times*. 1/01/2006.
10. "Times are Changing: Gender and Generation at Work and at Home". Ellen Galinsky. Families and Work Institute. Ago/2011. http://familiesandwork.org/site/research/reports/Times_Are_Changing.pdf
11. "The New Dad: Caring, Committed and Conflicted". Brad Harrington, Boston College. 2011.
12. "Even in Academia, Dads Don't Do Diapers". Cristina Lindblad. *Business Week*. 21/02/2012.

13. "America's Children: Key National Indicators of Well-Being, 2011". Federal Interagency Forum on Child and Family Statistics. 2011. http://www.childstats.gov/americaschildren/
14. "Cuts to Child Care Subsidy Thwart More Job Seekers". Peter Goodman. *New York Times*. 23/05/2010.
15. "Parents and the High Cost of Child Care: 2010 Update". National Association of Child Care Resource and Referral Agencies. 2010.
16. "The Care Crisis". Ruth Rosen. *The Nation*. 12/03/2007.

CINCO: "O TRABALHO MAIS DIFÍCIL DO MUNDO"

1. "The Hardest Job in the World?". Megan Francis. *Babble*. 21/09/2009.
2. "Kristi," "Is Motherhood the Hardest Job in the World?". Interrupted Wanderlust. 29/09/2009.
3. Anonymous. "Hardest Job in the World?". My Ruminations. 23/09/2009.
4. Kung, Michelle. "The Mommy Wars: Dr. Laura on Stay-at-Home Moms" *Wall Street Journal*. 8/04/2009.
5. Brooks, David. "The Year of Domesticity". *New York Times*. 1/01/2006.
6. Traister, Rebecca. "At Home with David Brooks". Salon.com. 4/01/2006. http://skepchick.org/

SEIS: A MÃE SABE O QUE É MELHOR

1. http://skepchick.org/

SETE: DESISTIR DOS FILHOS

1. Governador Dave Heinemen. "Change Made to Safe Haven Law". 24/11/2008.
2. "Hate Being a Mom" http://www.secret-confessions.com/hate/hate-being-a-mom
3. "Facts on Publicly Funded Contraceptive Services in the United States". Guttmacher Institute. Mai/2012.
4. Barber, Jennifer. "Home and Parenting Resources Available to Siblings Depending on Their Birth Intention Status". *Child Development*. Mai-jun/2009.
5. "America's Child Death Shame". BBC News. 17/10/2011. http://www.bbc.co.uk/news/world-us-canada-15288865
6. "Child Maltreatment 2010". Administration for Children and Families. http://www.acf.hhs.gov/programs/cb/pubs/cm10/index.htm
7. "Custodial Mothers and Fathers and Their Child Support: 2009". U.S. Census Bureau.
8. "Ads Urge Fathers to 'Take Time' to Be a Dad". *New York Times*. 18/10/2010.
9. Fairyington, Stephanie. "The Parent Trap: Paternal Rights and Abortion". *ELLE* magazine. 17/05/2010.
10. Cailard, Cynthia. "The Drive to Enact 'Infant Abandonment' Laws — A Rush to Judgment?". The Guttmacher Report on Public Policy. Ago/2000.

OITO: MÃES "RUINS" VÃO PARA A CADEIA

1. "Pregnant and Dangerous". Katha Pollitt. *The Nation*. 8/04/2004.
2. "Utah Continues Reckless Efforts to Lock Up Pregnant Women". Lynn Paltrow. *The Huffington Post*. 6/03/2010.
3. Horowitz, Emily. "Murder by Nursing?". *RH Reality Check*. 21/02/2012.
4. Horowitz, Emily. "Murder by Nursing?". *RH Reality Check*. 21/02/2012.
5. "Theft Charge Dismissed Against Ohio Mom Kelley Williams-Bolar". Jamilah King. *Colorlines*. 1/02/2011.
6. Hing, Julianne. "Tanya McDowell Pleads Not Guilty to 'Stealing' Son's Education". *Colorlines*. 27/04/2011.
7. Peveteaux, April. "Pregnant Mom Sacrifices Life So Baby Can Live". CafeMom. 17/10/2011.
8. "The Martyrdom of Jenni Lake". Daily Kos. http://www.dailykos.com/story/2011/12/29/1049743/--I-did-what-I-was-supposed-to-do-The-Martyrdom-of-Jenni-Lake

NOVE: MULHERES INTELIGENTES NÃO TÊM FILHOS

1. Marcotte, Amanda. "The Real Reason More Women Are Childless" *Slate*. 12/07/2010.
2. "Childlessness Up Among All Women; Down Among Women with Advanced Degrees". Gretchen Livingston and D'Vera Cohn. Pew Research Center. 25/06/2010.
3. "Having Kids Makes You Happy". *Newsweek*. 28/062008.
4. "Childlessness Bothers Men More Than Women". Carolyn Colwell. HealthDay.

5. "Feminism's Uneven Success". Nancy Folbre. *New York Times*. 19/12/2011.
6. "Dynamics of the Gender Gap for Young Professionals in the Financial and Corporate Sectors". Marianne Bertrand, Claudia Goldin, and Lawrence F. Katz. *American Economic Journal: Applied Economics*. Jul/2010.
7. "Gender at Core". Catalyzing, 5/08/2010. http://www.catalyst.org/blog/gender-stereotypes/gender-at-core
8. "I Cannot Truly Want What I Am Told I Must Have". Melissa McEwan, *Shakesville*. 22/02/2012. http://www.shakesville.com/2012/02/icannot-truly-want-what-i-am-told-i.html
9. Lisa Hymas. "Say it loud — I'm childfree and I'm proud". The Grist. 31/03/2010.

DEZ: A MORTE DA FAMÍLIA NUCLEAR

1. "What Kind of Mother Leaves Her Kids?". Lea Goldman. *Marie Claire*. 8/07/2009.
2. Gartrell, Nanette, Henny M. W. Bos, and Naomi G. Goldberg. "Adolescents of the U.S. National Longitudinal Lesbian Family Study: Sexual Orientation, Sexual Behavior, and Sexual Risk Exposure". National Longitudinal Lesbian Family Study. Jun/2010.
3. Biblarz, Timothy, and Judith Stacey. "Does the Gender of Parents Matter?". *Journal of Marriage and Family*. Fev/2010.
4. "Statistical Abstract of the United States" U.S. Census Bureau. 2012.
5. "Who Needs Marriage? A Changing Institution". Belinda Luscombe. *TIME*. 18/11/2010.

6. "'Traditional' Marriages Now Less Stable Than Ones Where Couples Share Work and Household Chores". Lynn Price Cooke. Council on Contemporary Families. 5/07/2008.
7. "Who Needs Marriage? A Changing Institution". Belinda Luscombe. TIME. 18/11/2010.
8. Biskupic, Joan. "Same-sex marriage fails at NY Court". USA Today. 7/07/2006.
9. Tyree, Jenny. "Mom and Dad: Kids Need Both". Focus on the Family. 15/06/2010.
10. Full Transcript of CNN Arizona Republican Presidential Debate. 22/02/2012.
11. Editorial. "Marriage Is a Constitutional Right". New York Times. 4/08/2010.

ONZE: AS MULHERES DEVEM TRABALHAR

1. "Study: Working Mothers Not Necessarily Harmful to Child Development" Daniel de Vise. The Washington Post. 31/07/2010.
2. "Early Disconnect with Mom May Speed Onset of Puberty in Girls". Melissa Healy. The Los Angeles Times. 1/09/2010.
3. "The More Mom Works, the Heavier Her Kids Get: Study". Madonna Behen. Business Week, 4/04/2011.
4. "Study: Moms' Work Schedule Is Making Kids Fat". Fox News. 4/02/2011.
5. "Report: Moms with Jobs Have Sicker Kids" McClatchy Newspapers. 18/02/2011.
6. "The Opt-Out Revolution" Lisa Belkin. New York Times. 26/10/2003.

7. "The Case Against 'Opting-Out'". Katie Allison Granju. *The Mother's Movement Online*. Jan/2004.
8. "Regrets of a Stay-at-home Mom". Katy Read. *Salon.com*. 5/01/2011.
9. "Recession Drives Women Back to the Work Force". Steven Greenhouse. *New York Times*. 18/09/2009.
10. Story, Louise. "Many Women at Elite Colleges Set Career Path to Motherhood". *New York Times*. 20/09/2005.
11. "Weasel-Words Rip My Flesh!". Jack Shafer. *Slate*. 20/09/2005.
12. "Working Moms Trying to Do It All May Be More Depressed". MSNBC. 24/08/2011.
13. "10 Secrets to Being Happy". Inara Verzemnieks. *Working Mother*. Ago/2011.
14. "Why Are Women So Unhappy At Work" Sean Silverthorne. CBS News. 7/10/2009.
15. "Blue Is the New Black". Maureen Dowd. *New York Times*. 19/09/2009.
16. "Liberated and Unhappy" Ross Douthat. *New York Times*. 25/05/2009.
17. Stein, Jeannine. "Does Working Make Mothers Happier and Healthier?". *LA Times*. 13/12/2011.
18. "Working Moms Feel Better than Stay-at-Home Moms, Study Finds". American Psychological Association. 12/12/2011.
19. Williams, Joan. "Opt Out' or Pushed Out?: How the Press Covers Work/Family Conflict". Work Life Law. 2006. http://www.worklifelaw.org/pubs/OptOut PushedOut.pdf
20. "Census Dispels 'Opting-Out' Notion for Stay-at-Home Moms". Donna St. George. *The Washington Post*. 1/10/2009.

BIBLIOGRAFIA

PUBLICADOS NO BRASIL

Faludi, Susan. *Backlash: O contra-ataque na guerra não declarada contra as mulheres*. Rocco, 2001. (fora de catálogo)
Fey, Tina. *Tina Fey: A poderosa chefona*. Best Seller, 2013.
Friedan, Betty. *A mística feminina*. Vozes, 1971. (fora de catálogo)
Hewlett, Sylvia Ann. *Maternidade tardia: mulheres profissionais em busca da realização plena*. Novo Século, 2008.
Murkoff, Heidi; Eisenberg, Arlene e Hathaway, Sandee. *O que esperar quando você está esperando*. Record, 1991.
Warner, Judith. *Mães que trabalham: a loucura perfeita*. Campus/Elsevier, 2006.

SEM EDIÇÃO BRASILEIRA

Badinter, Élisabeth. *How Modern Motherhood Undermines the Status of Women*. Metropolitan Books, 2012.
Badinter, Élisabeth. *Mother Love: Myth and Reality*. Macmillan, 1981.
Block, Jennifer. *Pushed: The Painful Truth about Childbirth and Modern Maternity Care*. Da Capo Press, 2008.
Crittenden, Ann. *The Price of Motherhood: Why the Most Important Job in the World Is Still the Least Valued*. Picador, 2010.
Flanagan, Caitlin. *To Hell With All That: Loving and Loathing Our Inner Housewife*. Back Bay Books, 8/05/2007.

Gross-Loh, Christine. *The Diaper-Free Baby: The Natural Toilet Training Alternative*. William Morrow Paperbacks, 2007.

Hirshman, Linda. *Get to Work... and Get a Life Before It's Too Late*. Penguin, 2007.

Hochschild, Arlie Russell. *The Second Shift: Working Parents and the Revolution at Home*. Piatkus Books, 1990.

Kukla, Rebecca. *Mass Hysteria: Medicine, Culture, and Mothers' Bodies*. Rowman & Littlefield Publishers, 2005.

Ladd-Taylor, Molly, e Umansky, Lauri. *"Bad" Mothers: The Politics of Blame in Twentieth-Century America*. NYU Press, 1998.

Mnookin, Seth. *The Panic Virus: The True Story Behind the Vaccine-Autism Controversy*. Simon & Schuster. 3/01/2012.

Rivers, Caryl. *Selling Anxiety: How the News Media Scare Women*. UPNE, 2008.

Scott, Laura. *Two is Enough: A Couple's Guide to Living Childless by Choice*. Seal Press, 2009.

Schlessinger, Laura. *In Praise of Stay-at-Home Moms*. Harper, 2009.

Sears, William. *The Baby Book: Everything You Need to Know About Your Baby from Birth to Age Two*. Little, Brown and Company, 2003.

Stearns, Peter. *Anxious Parents: A History of Modern Childrearing in America*. NYU Press, 1/11/2004.

Wolf, Joan. *Is Breast Best? Taking on the Breastfeeding Experts and the New High Stakes of Motherhood*. NYU Press, 2010.

SOBRE A AUTORA

JESSICA VALENTI é colunista do jornal The Guardian, onde escreve sobre gênero e política. Em 2004, fundou o blog premiado Feministing.com, aclamado como uma das mais importantes vozes nas questões sobre a mulher. Seu trabalho já apareceu nos principais veículos de mídia impressa como o New York Times, Washington Post, The Nation e Ms. Autora de vários livros sobre feminismo, política e gênero. Jessica mora no Brooklyn com seu marido e filha.

Esta obra foi produzida pela Memória Visual no outono de 2018.
O miolo foi impresso em papel Pólen soft 80 g/m² usando
as fontes Neutra Text e Caecilia LT Std.